MYNAVI BUNKO

クリーニングのプロが教える

家庭でできる
洋服の洗い方とお手入れ

レジュイール 古田武 著

マイナビ

洋服を、長く美しく着るために

私の店「レジュイール」は、
高級クリーニング店とご紹介いただくことが多くあります。

それでも、多くのラグジュアリーブランドやインポートショップが、
私たちに洋服を預けてくださるのも、
洋服を大切になさっているお客様が
遠方からいらしてくださるのも、
これまでの実績を信頼してくださっているからだと思っています。

よそのクリーニング店では落ちずに
あきらめていたシミをきれいに落としたり、

特殊なデザインの洋服や、皮革製品などの素材を
風合いを保ちながらきれいにするなど、
独自の技術を認めていただいているのだと思います。
お預かりした洋服をきれいにしてお戻しすることが、
私たちの役目です。
シミのひとつひとつを取り除いて、
風合いを再現すべく、技術を磨いています。
そして、技術と感性は隣り合わせ。機械まかせ、洗剤まかせにせず、
お客様の大切な洋服と向き合う感性が、
仕上がりを左右するのだと思っています。
素材や仕立て方によって、最適なお手入れ法は異なります。

それを熟知し、お手入れ法の研究に余念がないスタッフが、
レジュイールには大勢います。

でも実は、お気に入りの大切な洋服にとっては、
家庭でのお手入れが肝腎なのです。
手間をかけただけよごれは落ちて、風合いが戻ってきます。

手順と理屈を知れば、お手入れは楽しい

この本では、私たちがふだん行なっているお手入れを、
家庭でもできるようにご紹介しています。

- よごれ、シミもきれいに落とす
- 洋服の風合いを保つ洗い方
- 洋服をよみがえらせるアイロンテクニック

など、すぐに使えるお手入れのコツがたくさんつまっています。
知らないうちにできてしまったシミやよごれ。

クリーニング店に出しても落ちなかったら、
仕方がないとあきらめていませんか。
どうすればよごれが落ちたり、風合いを保てたりするのかという
理屈がわかれば、ご自分でできることがたくさんあります。
たとえば、油よごれか水性のよごれか、よごれが付いてから
どれくらい時間がたっているのか、といったことをふまえれば、
ご自宅にある洗剤できれいに落とせます。
カシミアなどの高級素材も、洗い方と干し方を覚えれば、
実はご自分で洗うのが一番のお手入れだと、私は考えます。
最適な洗い方、干し方、洗剤の選び方などには、
それぞれ理由があります。

その理由と、正しい手順を知ることが大切です。
もうひとつ、お手入れの要がアイロンです。
アイロンがけがおっくうだという声をよく聞きますが、
かけ方にはコツがあります。
コツがわかればきれいに仕上げられて、
面倒でなくなるに違いありません。

そういったコツの数々を、この本でぜひ覚えてください。
回数を重ねるほどに、お手入れが楽になり、楽しくなりますよ。
そして愛着ある洋服を、長く美しく着こなしてください。

Contents

Chapter 2

季節のアイテムのお手入れ

Chapter 3

洋服を復元するアイロンテクニック

洗濯とお手入れに必要な道具

前処理や手洗いのときに活躍する道具を揃えておくと、
よごれの落ち方が目に見えて変わります。
一度揃えれば長く使えて便利なものばかりですので、
ぜひお気に入りを見付けてください。

洗う道具

前処理のときにこのような道具があると、とても楽によごれやシミを落とすことができます。

おけ

前処理で部分的なよごれやシミを落としたり、浸けおきしたり、ウールのセーターを手洗いするのに、おけがあると便利です。洗面台やキッチンのシンクでも代用できます。

ブラシ

前処理で襟や袖口など、よごれやシミが付いた部分を洗うのに活躍します。白や薄い色の木綿や麻、ポリエステルに用います。ウールには柔らかいブラシを用意してください。

洗濯板

写真のデコボコしている側は、生地をいためてしまうので使いません。裏側の平らな面を、くつしたの泥よごれを落とすのに使います。

石けん

部分的なよごれを落とすには、
粉洗剤や液体洗剤よりも固形石けんの方が
効果的です。

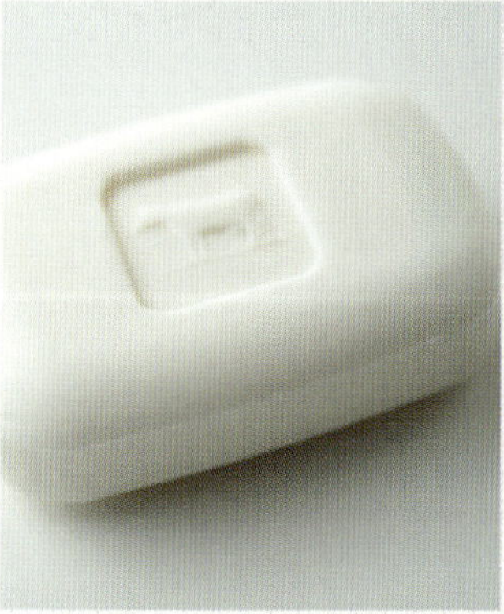

固形石けん

どの家庭にもひとつはある洗顔用や、手洗い用の固形石けん。もともと身体を洗浄するためのものですから、襟や袖口に付いた皮脂などのよごれを落とすのに、とても向いています。

アルカリ石けん

洗濯用につくられた、アルカリ性の強い石けんです。使い勝手がよく、皮脂などに加えて泥よごれも落とします。ウール以外の素材に向いています。ドラッグストアで購入できます。

洋服をととのえる

きれいに洗った洋服をきれいに仕上げ、
風合いをよみがえらせるのに
欠かせないアイテムです。

ブラシ

コートやジャケットのほこりを落とすだけでなく、ツヤを出すのに重宝します。また、洗うのが難しい帽子なども、ブラシでお手入れすることできれいな状態を保つことができるのでおすすめです。

アイロン

しわを取るだけでなく、ツヤを出し、ウールの風合いをよみがえらせます。コードレスのものが人気ですが、コードの付いているものは設定温度をキープしながらアイロンがけできておすすめ。

スポンジ

とっても身近で便利なのが食器洗い用のスポンジです。セーターの毛玉を取ったり、スウェードの毛並みをととのえたり、よごれやシミを落としたり。お手入れ用にひとつ用意してください。

Chapter 1

毎日の洗濯のコツ

ちょっとしたコツや仕組みがわかると、お手入れは楽しくなります。
素材の特徴や洋服の干し方、洗剤や洗濯機の種類など
まず知っておきたい基本的なルールをお伝えしましょう。

Daily wash

Question 1

部分よごれが
残ったら着られません。
落とすコツって
あるのでしょうか？

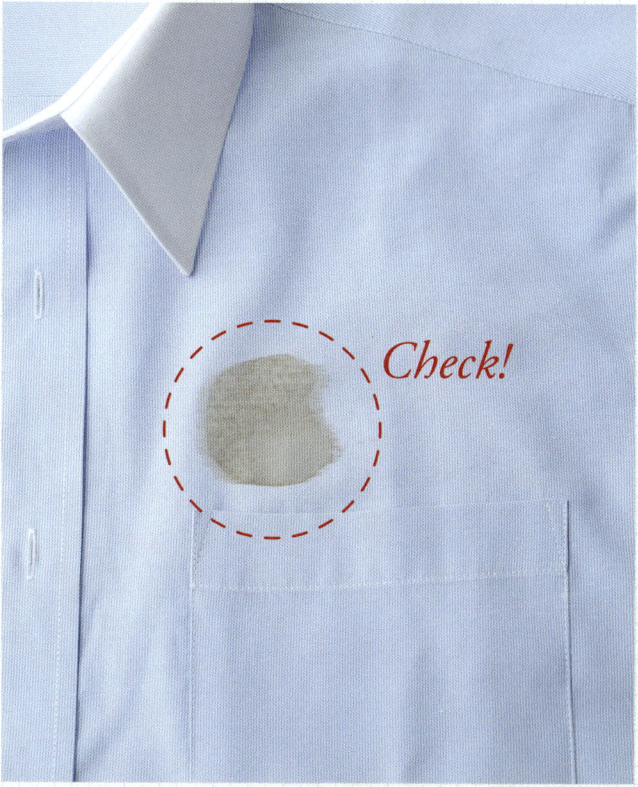
Check!

Answer

よごれが付いたらすぐ落とすこと。
水溶性か油性かを見きわめましょう。

詳しく説明すると…

洗濯機では、部分的なよごれは落ちないもの。ですから、なるべく早く前処理しておきましょう。水溶性のよごれと油性のよごれ、それぞれをきちんと落とす洗剤を、上手に使い分けてください。

水溶性のよごれ

お醤油やコーヒーなどのよごれは、
最低でも一週間以内に前処理しないと
落ちません。

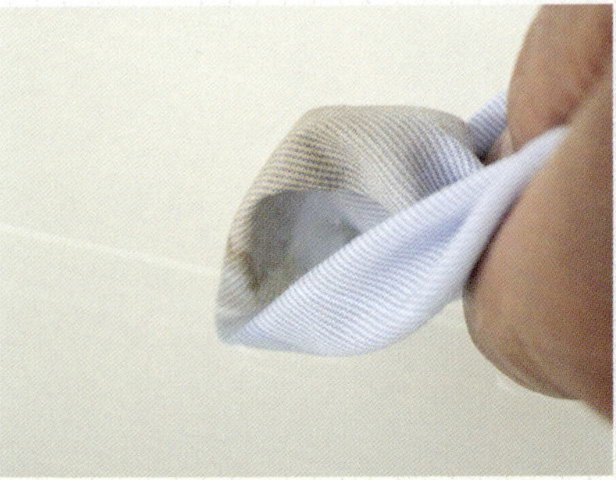

1 よごれた部分をお湯に浸けて、よごれを繊維から離しやすくしておきます。

2 アルカリ性の強い固形石けんを使います。よごれた部分に付けてもみます。

3 洋服全体を洗うのではなく、よごれた部分だけをつまみ洗いします。

4 きれいに落ちました。これでも落ちない場合は、酸素系の漂白剤を使いましょう。

油性のよごれ

マヨネーズやドレッシングには
食器洗い用の洗剤が活躍します。

油よごれは前処理せずに洗濯すると取れなくなってしまうので、注意してください。

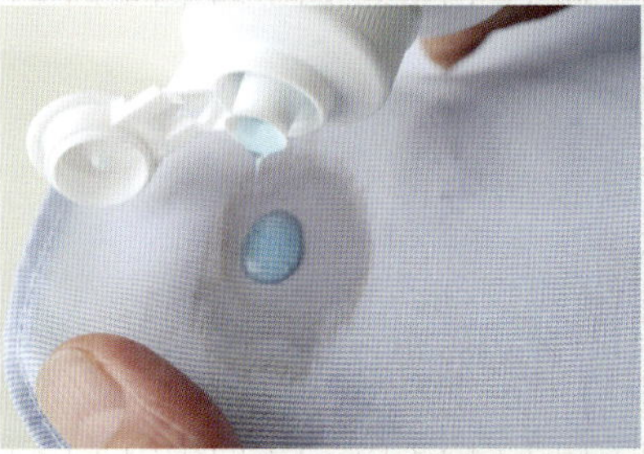

1 油よごれ対策の強い味方が食器洗い用の洗剤。直接付けてもみ洗いします。

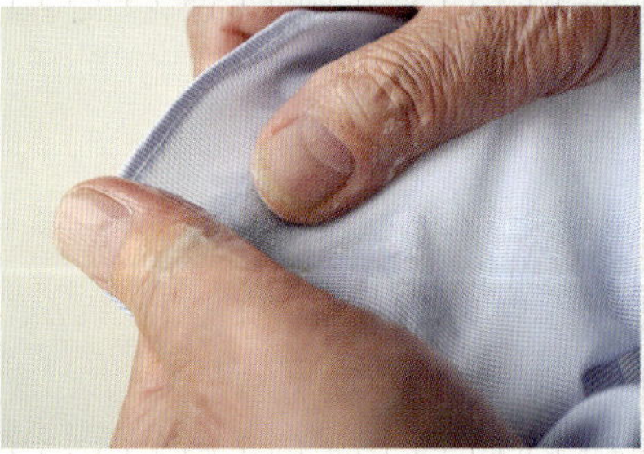

2 次に、アルカリ性の強い固形石けんを付けてさらにもんでいきます。

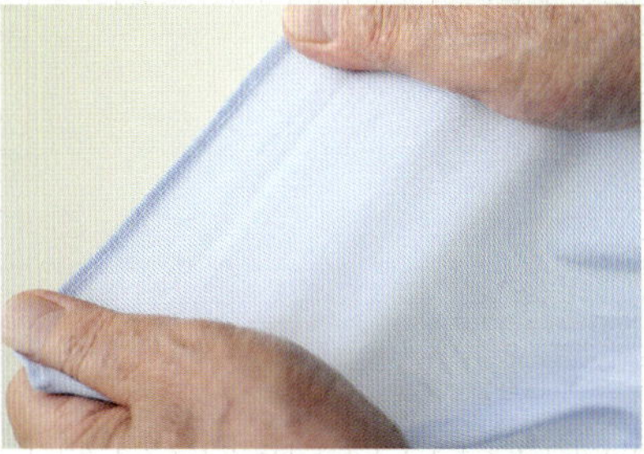

3 食器用洗剤と固形石けんのダブル使いできれいになりました。これで洗濯機へ。

その他のよごれ

血液や乳製品のよごれ落としにもコツがあります。

血液や乳製品などのたんぱく系のシミは、アイロンの熱を加えると固まってしまい、落ちなくなるので注意してください。血液は水で、乳製品はクリーニング店で落とすことをおすすめします。

Question 2

襟と袖の皮脂のよごれはどうやって落とすのがよいですか?

ふだん人目に触れない部分ですが、襟がよごれてしまうと何となく着たくありません。気付いたらお手入れしましょう。

袖の内側も襟と同様、人には見えないけれど気になります。表側のよごれも合わせて前処理すれば、一度できれいになります。

Answer

アルカリ性の強い固形石けんとブラシを使って前処理します。

詳しく説明すると…

皮脂や髪の毛の脂は、洗濯機だけではなかなか落ちません。アルカリ性の強い固形石けんは、皮脂をよく落とすのでおすすめです。ブラシでこすってしっかり落としてから、洗濯機で洗いましょう。

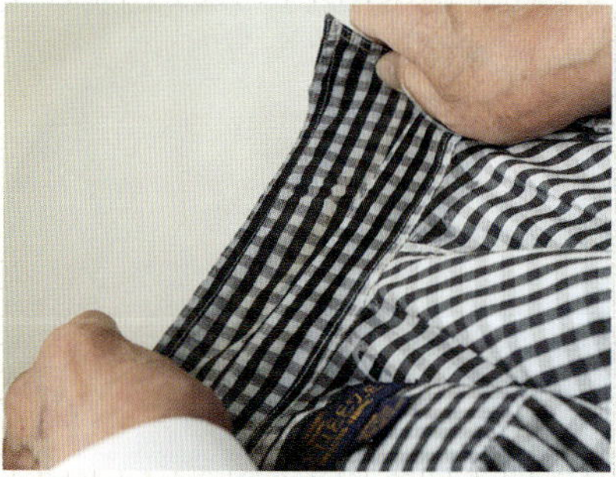

1 よごれが気になる部分をお湯に浸けます。変色してからでは落ちませんから、そうなる前にお手入れすることが大切です。

2 アルカリ性の強い石けんをよごれの部分に付けます。この石けんは皮脂や泥をよく落とします。ただし、ウールには使わないこと。

3 ブラシでこすって、よごれを落とします。洗濯機に入れる前にしっかり落としてしまいましょう。皮脂と一緒に汗も落ちます。

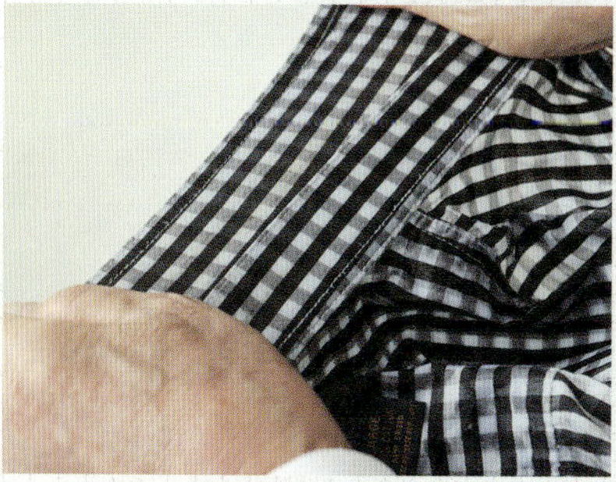

4 こすりすぎると繊維をいためてしまうのでご注意を。ここまで落としたら、あとは洗濯機で洗います。

Question 3

洗濯機を使わずに手洗いした方がよい素材を教えてください。

Rayon

Wool

Answer

ウール、カシミア、レーヨンです。シルクと革はプロにまかせましょう。

手洗いNGの素材

シルクの光沢を保つのは家庭では難しいです。皮革製品もプロにまかせましょう。

しなやかで光沢のあるシルクは、お手入れという点ではプロでもとても難しい素材です。皮革製品は表革もスウェードも風合いの再現が難しく、こちらもハードルの高い素材です。どちらの素材も信頼できるクリーニング店に出してください。

レーヨン

縮みに注意することが大切です。
心配ならばクリーニングに。

レーヨンはシルクに似た光沢とドレープが人気の素材ですね。洗濯機でなく手洗いならば、ご自分でお手入れできます。水で縮みやすい素材なので、洗濯前にサイズを測っておいて、干すときにかたちをつくってもとのサイズを保ちましょう。

カシミア・ウール

着始めから2回ぐらいまでは
クリーニングに出しましょう。

カシミアもウールも手洗いできますが、着始めから2回ぐらいまではドライクリーニングに出しておくと、最初から手洗いするよりも、風合いをより長く保つことができて安心です。洗濯機の「手洗いコース」は使わないでください。詳しくはQ24(92ページ)参照。

Question 4

くつしたの泥やよごれの落とし方を教えてください。

Socks
Tights

Answer

頑固なよごれにきくのは、もみ洗い。洗濯機の前のひと手間が効果的。

詳しく説明すると…

泥は手ごわいよごれで、前処理せずに洗濯機に入れて洗うだけでは落ちません。厚手の木綿など丈夫な素材であれば、よくもみ洗いして、あらかじめよごれを落としてしまいましょう。

1 弱アルカリ性の洗剤を水に溶かします。液体でも粉末タイプでも、お好きなものでかまいません。

2 洗剤が溶けたら水の中にくつしたを入れて、よごれが気になる部分を洗います。

3 よごれが頑固なところには、アルカリ性の強い固形石けんをこすりつけます。

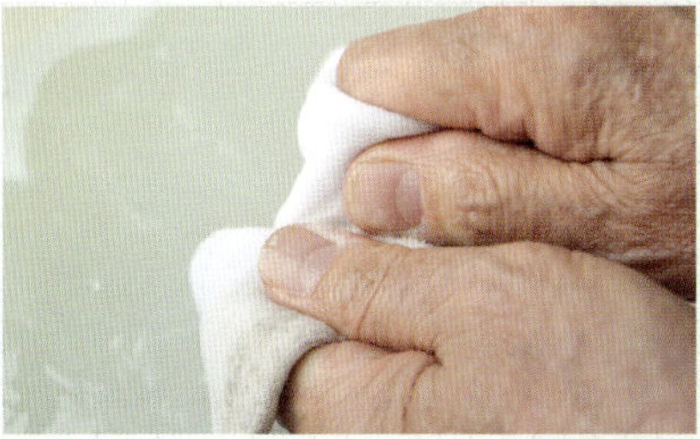

4 両手を使ってしっかりもみ洗いすることで、泥やよごれがくつしたから離れていきます。このあと、しっかりすすぎましょう。

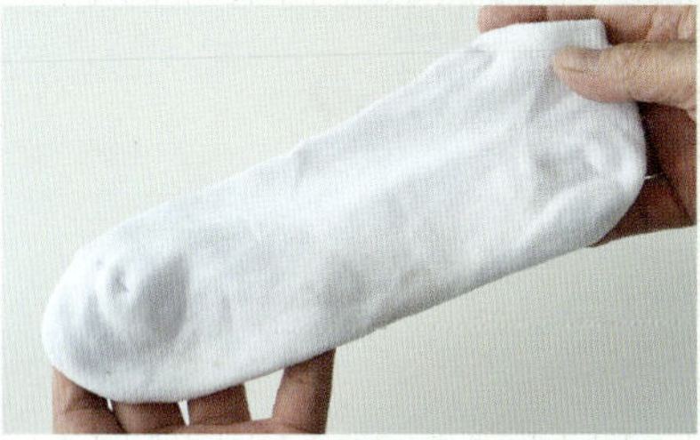

5 ほぼ、もとの白さに戻りました。ここまで落としておけば、あとは洗濯機に入れても安心です。

くつした類の脱水時間

木綿など厚みのあるもの
→5分
しっかり絞ってください

ポリエステルなど薄いもの
→1~2分
絞りすぎるとしわになるので注意。

Question
5
素材ごとに洗い方は変わりますか?

Answer

変わります。家庭で洗えるものと、洗えないものを覚えてください。

point

素材によって、家庭で洗濯できるもの、しにくいもの、そして洗濯できないものがあります。家庭で洗濯できるものでも、洗濯機を使ってよいものと手洗いした方がよいものがありますので、それらを覚えておくと失敗しません。

家庭で洗濯できるもの

木綿

日常生活の中で着る頻度が高い素材のひとつ。肌触りがよく、下着からおしゃれ着まで用途も幅広い素材です。気になるよごれは前処理してから、洗濯機で洗うときれいになります。

麻

通気性にすぐれた麻は、蒸し暑い夏に向く素材です。家庭でも洗えて、きちんとお手入れすれば麻ならではの風合いを保つことができます。

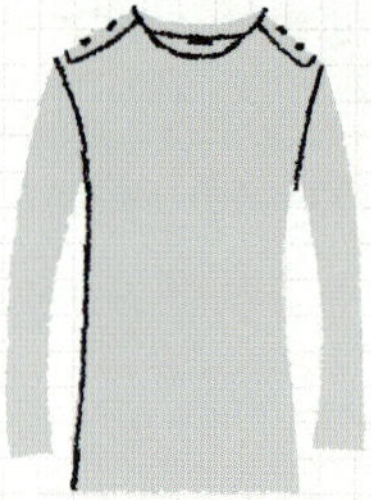

ポリエステル

数ある化学繊維の中でも、もっとも服に使われている素材の代表です。ハリやコシがあり、洗濯機でガンガン洗うことができます。

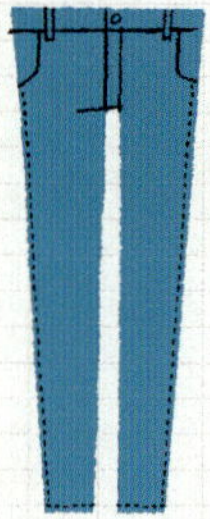

ポリウレタン

ストレッチ製の高い素材で、近年とてもよく使われています。ゴムの一種である繊維のため、ドライクリーニングを繰り返すと変形してしまうのでご注意を。洗濯機で洗います。

家庭で洗濯できないもの・しにくいもの

シルク

光沢と弾力性があり、保温性と吸湿性にすぐれた人気の素材です。お手入れという面では非常に扱いにくく、プロのクリーニング店にとってもハードルの高い素材のひとつです。

レーヨン

家庭で洗える素材ですが、水で縮みやすいという特性があります。ドライクリーニングに出すのがおすすめですが、家庭で洗うなら手洗いしてください。

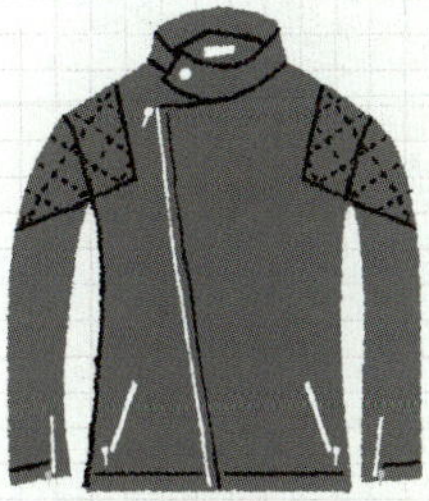

皮革製品

表革と裏革のスウェード、どちらも風合いを再現するのが難しいため、クリーニング店にまかせるのが安心です。襟元のよごれは家庭で落とすことができます。114ページ参照。

混紡素材

木綿とポリエステル、木綿とシルクなど、異なる性質の素材を組み合わせているので、実はお手入れがしにくいもの。それぞれの素材に向く洗剤が異なるのでプロにまかせましょう。

Question 6

白い洋服が黄ばんだり、色移りしてしまいました。もとのように白くなりますか？

Before 黄ばんだり色移りして
しまった白い洋服。

Washing

After こんなに
真っ白になります!

Answer

熱いお湯でグツグツ煮ると、買いたての白さが戻ります。

詳しく説明すると…

黄ばみの原因の大半は、洋服に残ってしまった石けんカスの酸化です。熱いお湯と洗剤で“煮込む”ことで、そのカスを落とします。色移りした白い洋服も、同じ方法で白くできます。

1 大きなお鍋にたっぷりの水を張り、火にかけます。沸騰したら弱アルカリ性の洗剤を入れます。

2 まるで料理のようですが、菜箸を使ってよくかき混ぜます。洗剤の粒を残さずきれいに溶かしましょう。

3 洋服を入れて菜箸でかき混ぜながら、約10分間煮ます。洋服を入れるときに熱湯がわきあがるので、菜箸は長いものがおすすめ。

4 ご覧のように、煮ていると、石けんカスや洋服に移っていた色がお湯に出てきます。よく煮込んで落としきりましょう。

5 約10分煮たら、シンクに移して、水を出しっぱなしにしてすすぎます。水にカスや色が出なくなるまで、よくすすぎましょう。

point

煮るのと同じぐらい大切なのが、すすぎです。出しっぱなしの水に石けんカスや色が出るうちは、すすぎが足りていない証拠です。ここはケチらず、水が透明になるまで続けてください。それが白さを戻す大きなポイントです。

Question 7

色落ちする木綿はどうやって洗うのがよいですか?

Green

The Clothes color bleeds.

Black

Answer

まず単独で洗って、充分に色落ちさせてしまいましょう。

詳しく説明すると…

色落ちしたものがほかの洋服に付くと、家庭ではなかなか取れません。まず色落ちするかどうかを確認して、する場合は最初に落としきってしまうと、次からはほとんど色落ちしなくなります。

1 色落ちが心配な服は、お湯に浸けてもんでみます。洗剤を入れると色が出てくるものがあるので、両方試してみてください。

2 色落ちする場合、洗剤を溶かした約50℃のお湯に洋服を浸け、菜箸でかき混ぜます。この作業はスピーディーに行ないます。

3 色が落ちたお湯をすぐに捨てて、水ですすぎます。2回目からは、濃い色同士の洋服であればまとめて洗っても大丈夫です。

point

色の濃い木綿の洋服の場合、特にヨーロッパからのインポートものは大半が色落ちすると思っていた方がよいでしょう。また、水に洗剤が介在していれば色移りの心配はありませんが、念のため一枚ずつ作業しておけば安心です。

Question 8

洗濯ネットの使い方が知りたいです。

Answer

洋服同士が引っかかるのを防ぎます。
フリルやダメージ加工にもおすすめ。

詳しく説明
すると…

ファスナーやホックが付いている場合、ネットに入れて洗うとほかの洋服に引っかかるのを防げます。フリルや断ち切り、ダメージ加工のものにもおすすめ。あれば「スロー洗い」を選択します。

ファスナーの付いた洋服をネットに入れれば、ほかの洋服に引っかかりません。ぎゅうぎゅうに入れると回りにくいので、入れすぎないようにしてください。

Question 9

おすすめの洗濯機の種類を教えてください。

Answer

手動設定付きを選んでください。理想は昔ながらの二層式です。

詳しく説明すると…

現在の主流は全自動ですが、素材ごとに見合う洗い時間、洗う水の温度、すすぎ時間は異なります。それらを細かく調整するには、手動設定付きが絶対条件なのです。

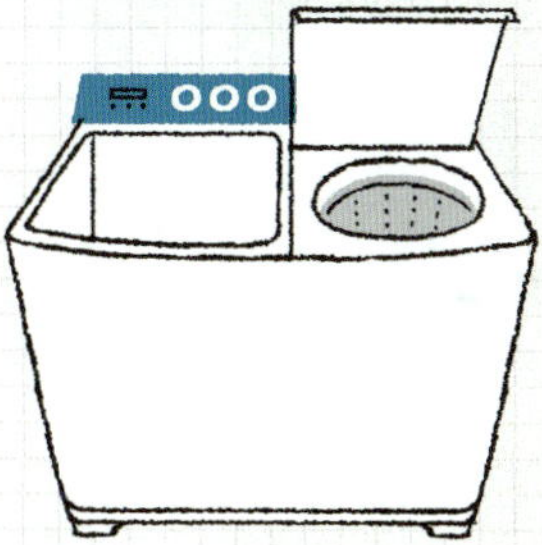

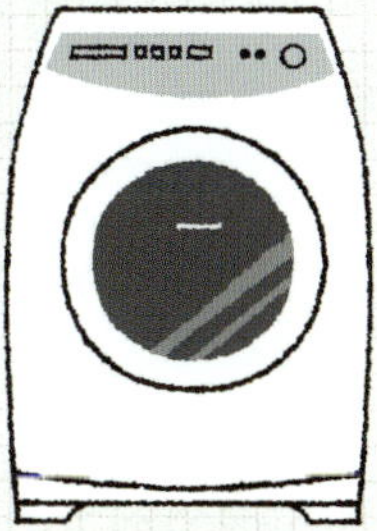

二層式

店頭で販売される機会も減りましたが、よごれ具合が目で確認でき、好みの時間や温度に簡単に切り替えられる二槽式洗濯機が理想です。レジュイールでは現役で活躍中です。

ドラム式

最近人気のドラム式をお買い求めになるなら、必ず手動設定付きを選んでください。全自動ではお手入れ上手になるのは難しく、よごれの落ち具合にも不満が残ってしまいます。

Question
10

たくさんある洗剤。
使い分けを
教えてください。

Answer

素材ごとに向く洗剤があります。上手に使い分けてください。

詳しく説明すると…

水だけでは繊維の中までは浸透しませんが、洗剤を使うと浸透します。浸透剤の役割をしながらよごれを包み、繊維から離します。素材ごとに向く洗剤は異なります。どれも適量を使うことが肝腎。

中性洗剤

弱アルカリ性洗剤に比べると洗浄力は低いですが、デリケートな素材を洗うのに適しているため、カシミアを含むウールに向きます。市販の「おしゃれ着用」は中性洗剤が多いです。

弱アルカリ性洗剤

木綿と麻に向く洗剤ですので、家庭でのふだんのお手入れでは、一番出番の多い洗剤でしょう。粉末タイプでも液体タイプでも、お好きな方を使用してください。

柔軟剤

カシミアを含むウールの洗濯の仕上げに使います。ウールは動物にとっての「髪の毛」ですから、私たちが使っている、ヘアーコンディショナーで代用することもできます。

漂白剤

塩素系漂白剤と、酸素系漂白剤があります。ピンポイント的な作業には塩素系を、色柄ものやウールには酸素系を使います。漂白したいときだけ使いましょう。

Question 11

漂白剤の正しい使い方がわかりません。

Answer

塩素系の漂白剤は、木綿や麻の白い洋服にのみ使ってください。

詳しく説明すると…

塩素系の漂白剤は、洋服に使われている蛍光染料を飛ばしてしまうため、もとの白さとは変わってしまいます。洋服全体に使わず、気になる部分だけに使うこと。白以外の洋服には使わないでください。

酸素系の漂白剤は?

漂白力は塩素系に劣りますが、繊維をいためにくく、色柄ものやウールに使うことができます。「洋服全体を漂白する」とイメージしてください。

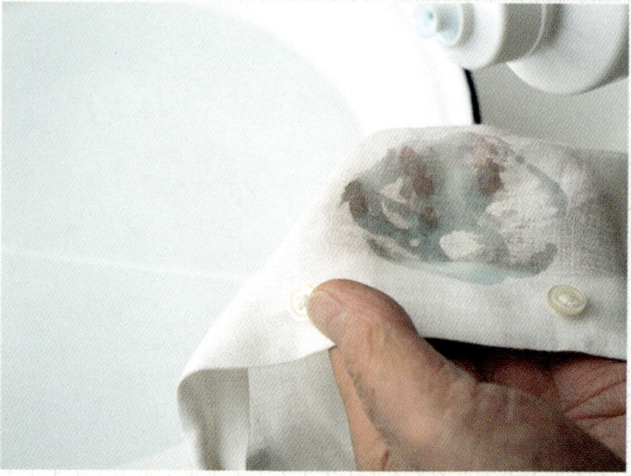

1

弱アルカリ性洗剤または台所用の油よごれに強い洗剤を、気になる部分に直接付けます。

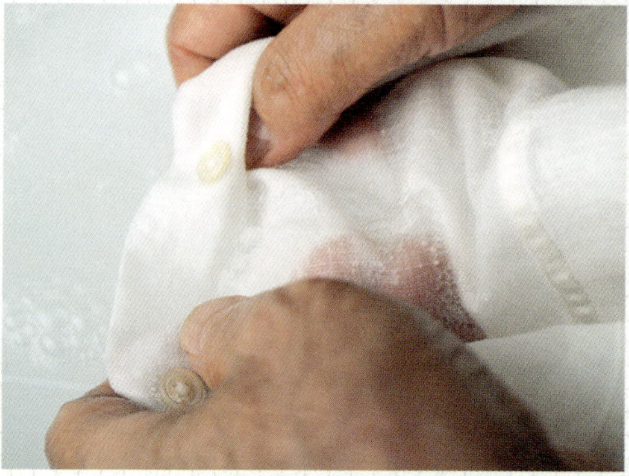

2

手で軽くこすります。こうすることで、まず油よごれを落としてしまいます。

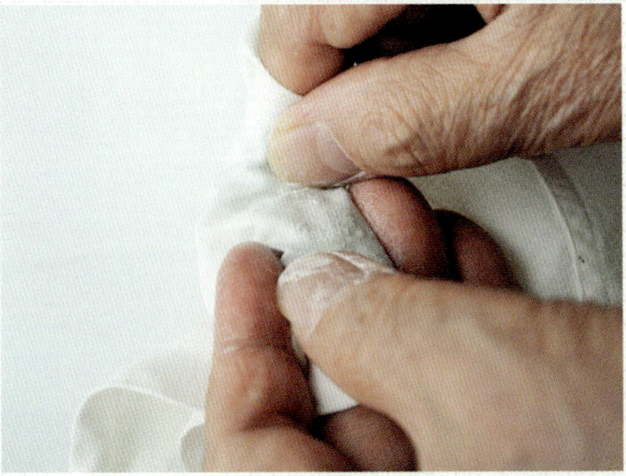

3

お湯ですすぎます。ここまででできちんと落ちる場合もありますので、一度確認します。

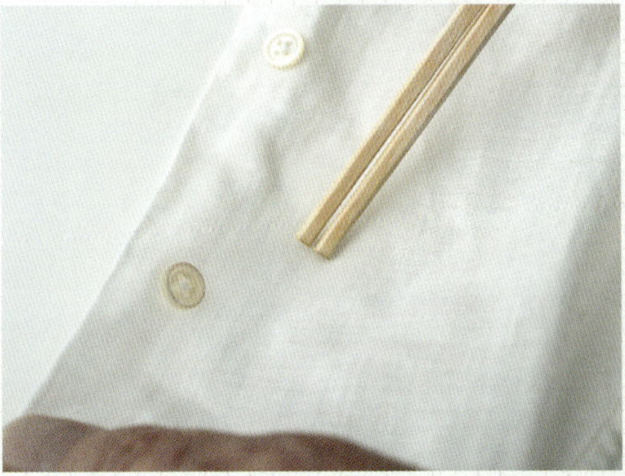

4

落ちなかった部分にだけ、漂白剤とお湯を箸で付けます。その後、よくすすぎます。

Question 12

洗濯機では一度にどのくらい洗えばよいですか? 適正量を教えてください。

Answer

少なくても多くてもNG、ドラムの6割程度が適量です。

詳しく説明すると…

洗濯機に入れる洋服の量は、ドラムの6割程度を目安にしてください。それ以上多いと水に浸かりませんし、少なすぎると今度は空回りしてしまい、どちらもよごれが落ちません。

ついつい一度に洗ってしまいたくて、洗濯物をドラムいっぱいに入れていませんか？　よごれが落ちきらないだけでなく、しわの原因にもなるので入れすぎは禁物です。

Question 13

洗濯表示の見方をわかりやすく教えてください。

Answer

日本製と海外製では表示が異なりますのでご注意を。

詳しく説明すると…

日本はJIS、海外はISOの取り扱い表示が付いています。海外ブランドの服の場合、大半が両方書かれています。表示が若干異なることもありますが、その場合はISO表示を優先してください。

日本(JIS)	海外(ISO)	内容
		液温40℃を限界とし、ふつうに洗濯機で洗えます。ISOの「洗いおけの下にラインなし」が「ふつうに洗濯機で洗える」を意味します。
		液温30℃を限界とし、弱流で、洗濯機で洗えます。ISOの「洗いおけの下にライン一本」が、「弱流の洗濯機」を意味します。
		液温40℃を限界とし、手洗いだけできます。ISOの「手」は、そのまま手洗いを意味しています。
		ISOのCIは、塩素漂白剤による漂白が可能で、ただし低温、希薄溶液に限るということを意味しています。
		漂白剤による漂白ができません。ISOで、バツのない三角であれば漂白可能、三角形内に斜線つきは塩素系漂白剤がNGです。
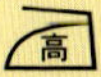		アイロン底面の温度は200℃が限界です。ISOで丸がふたつならば150℃(中温)、ひとつなら110℃(低温)が限界です。
		アイロンがけできない素材です。ISOの場合、特にスチーム禁止を意味しています。
		業者によるドライクリーニングで通常使用される溶剤はすべて使用可能です。
		弱流で、業者によるドライクリーニングができます。溶剤は石油系溶剤を使用します。
		業者によるドライクリーニングはできません。

Question 14

お湯の方が よごれが落ちるって 本当ですか?

Answer

本当です。よごれは水には溶けにくく、お湯になら溶けます。

詳しく説明すると…

素材や洋服の色(白なのか濃い色なのか)によって最適な温度は異なりますが、よごれは水には溶けにくく、お湯と洗剤が合わさることで落ちやすくなる、と覚えておいてください。

お湯で洋服も心地いい

お住まいの環境によっては、洗濯機の水栓に水しか用意のない場合もあります。そのときは、お風呂に張った新しいお湯をちょっと分けてあげましょう。「お湯を運ぶのがおっくう」と思われるかも知れませんが、このひと手間でよごれ落ちは決定的に変わります。

Question 15

洗剤をたくさん使えば、よごれは落ちやすくなりますか?

Answer

そんなことはありません。
適量を使うことが大切です。

詳しく説明すると…

洗剤は多く使っても洗浄力が高まることはありません。少ない場合は一度落ちたよごれが再び付着する原因となってしまいます。製品に表示されている適量を使うのが一番です。

山盛りはNG

しぶとそうなよごれを見ると、思わず洗剤を山盛りにしたくなりますが、ぐっと我慢。洗剤のラベルに表示されている適量を守ること、そしてよごれに合った前処理をきちんとすることが、きれいにする近道です。

Question 16

お風呂の残り湯を使ってもよいですか?

Answer

あまりおすすめできません。
きれいな水を使ってください。

詳しく説明すると…

お風呂の残り湯には、身体のよごれであるたんぱく質が混ざってしまっています。そのお湯で洗うと、洋服にたんぱく質が付着してしまいます。洗っているのに、よごれを付けてしまうのです。

大切な洋服にはNG

もったいないという気持ち、よくわかります。「残り湯OK」とうたう洗剤も最近多くありますが、洋服をきれいにするために洗うのですから、やはり残り湯を使うことは、おすすめできません。

Question 17

家で洗わない方がよい洋服を教えてください。

Answer

シルクや皮革製品の素材以外に プリーツやしわ加工もNGです。

詳しく説明すると…

シルクや皮革製品といった素材は、風合いの再現などが非常に難しいため、信頼できるクリーニング店に託しましょう。プリーツ加工やしわ加工のものは、家庭で洗うと加工が消えてしまいます。

プリーツ加工

木綿、麻、シルク、ビスコースレーヨン素材のプリーツ加工は、水に濡れると加工自体が消えてしまい、再加工できません。汗や雨などでも同様なので注意してください。

シルク製のもの

写真のようなブラウスはもちろん、スカーフのような平面的なものでも、家庭での手洗いで風合いを再現するのはとても難しい素材です。シルク混も同様です。

その他

縮みやすく風合いの再現が難しい皮革素材は、信頼できるお店へ。水で縮みやすいレーヨンも、大切な服はお店にまかせましょう。

Question 18

脱水時間は素材ごとに変えた方がよいですか?

Answer

はい。脱水しすぎるとしわの原因になりますので気を付けて。

詳しく説明すると…

脱水は干す前の大切なプロセスですが、脱水しすぎるとしわができてしまい、アイロンがけが大変になってしまいます。ウールは脱水でしわができると取れにくいので要注意です。

ウールのセーターなど厚手のもの → 30 秒

短いですが、脱水しすぎるとしわができてしまい取れません。

木綿や麻など薄手のもの → 5 分

同じ薄手でもポリエステルならもっと短く、2分程度で大丈夫です。

タイツなど薄手のもの → 1~2 分

1分でまだ濡れていたらもう1分脱水しましょう。

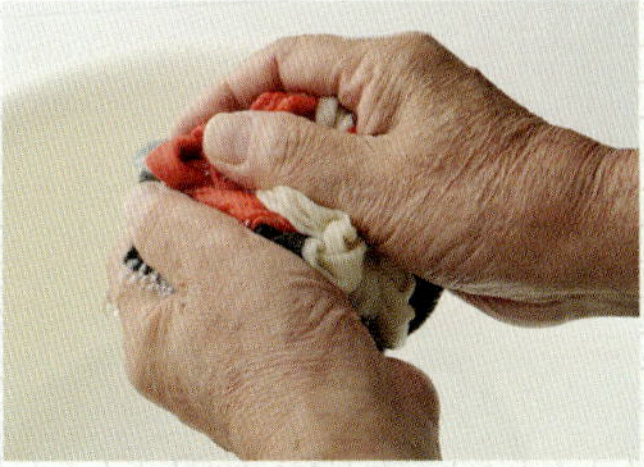

ウールは手洗いするので、手で水気を絞ってからの脱水時間です。

Question 19

乾いたあとのしわがキツイのですが。しわをおさえる方法はありますか?

Answer

縫い目の周辺は特にしっかり
伸ばしてあげることが大切です。

詳しく説明すると…

洗濯機から出したら、まずはパンパンとはたいて、全体のしわを伸ばします。特に縫い目の周りや襟や袖口はしっかり伸ばすことで、アイロンがけが楽になります。

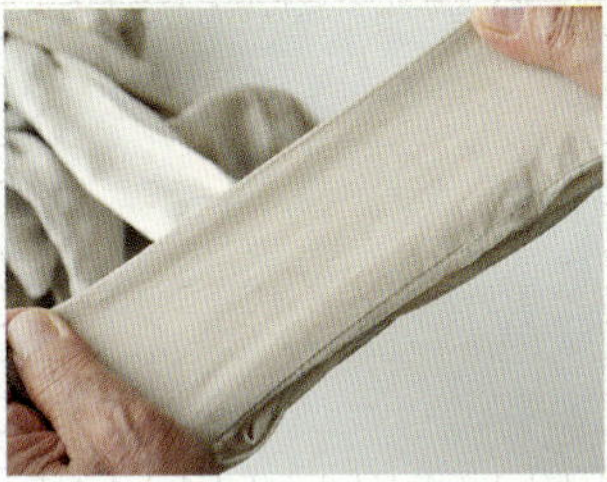

襟は両手で ピーンと伸ばします

しわをおさえるには、洗濯物を干すときのひと手間がポイント。シャツなら襟を、両手でピーンと伸ばしてあげましょう。乾いてからいくら伸ばしても効果はありません。

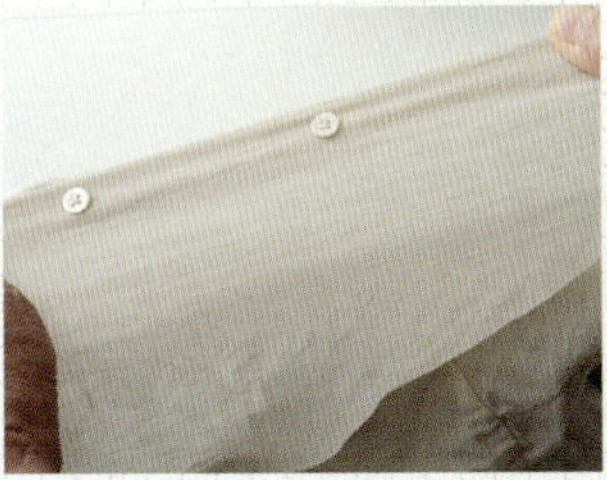

ボタンの周りも ていねいに伸ばして

ボタン周りも脱水をするとしわになりやすい部分です。局部的にも、全体にも、ていねいに伸ばしましょう。ボタン周りのアイロンがけの時間が短縮できます。

Question 20

パンツやスカートなどの型くずれしにくい干し方が知りたいです。

Answer

服は立体的につくられています。型に合わせて干しましょう。

詳しく説明すると…

私たちの身体に合わせて、洋服はデザインされています。立体的な型やデザインならば、それに合わせて干すこと。もとの型に忠実に干せば、型くずれしにくいです。

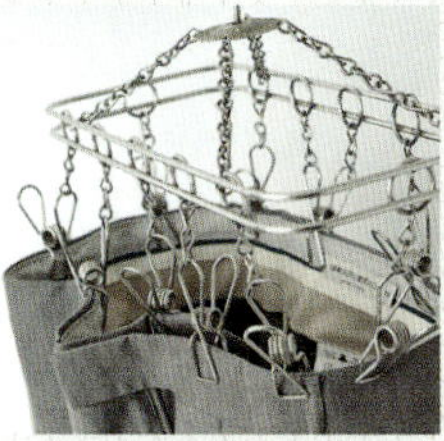

パンツ

たくさんのピンチが付いているハンガーを使って、ウエスト部分を立体的に干しましょう。重力で下まで型くずれしにくくなります。

スカート

写真のようにフラットなスカートであれば、スカートやパンツ用のハンガーを使ってウエスト部分を留めて干します。

型くずれをおさえるおすすめハンガー

ブラウスやシャツなどを干すときには、ピンチを使わず、丸みや厚みがあるハンガーを使ってください。肩のラインがくずれず、きれいに干せます。

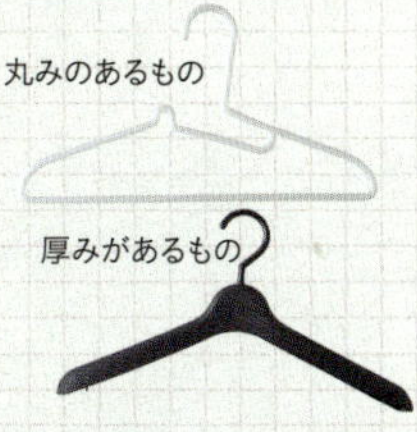

Question 21

日光に当てて洗濯物を乾かした方がよいのでしょうか？

Answer

いいえ。変色、脱色を防ぐため、日陰か室内で干してください。

詳しく説明すると…

すべての洋服には蛍光染料が使われていて、紫外線に当たると染料が光に侵されてしまいます。そうすると変色や脱色が起きるので、日陰か、浴室などの室内で、電気を点けずに干すようにしましょう。

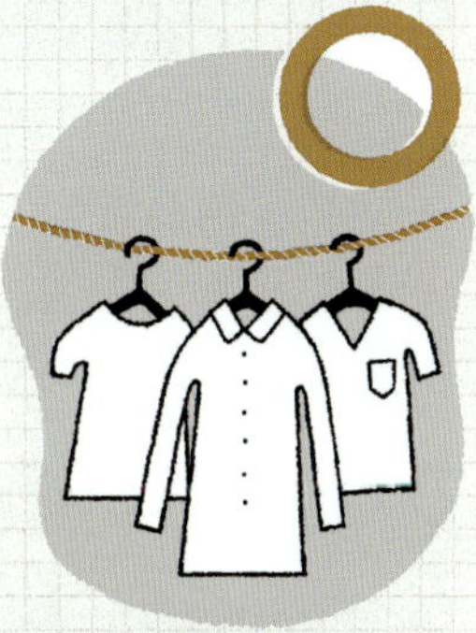

日光

さんさんと降り注ぐ太陽の光に当てたくなりますが、ぐっと我慢。色の濃い洋服と紫外線の相性は特に悪く、色あせの原因になります。

部屋干し

部屋や浴室などで干すときも、蛍光灯は点けないでください。屋外で干すのと同じ影響を受けてしまいます。

Chapter 2

季節のアイテムのお手入れ

木綿や麻はもちろんのこと、カシミアもダウンジャケットも
自分で洗うのが一番のお手入れ法です。洗濯機も活用しつつ、
ちょっと手間をかけてあげると、満足の仕上がりが待っています。

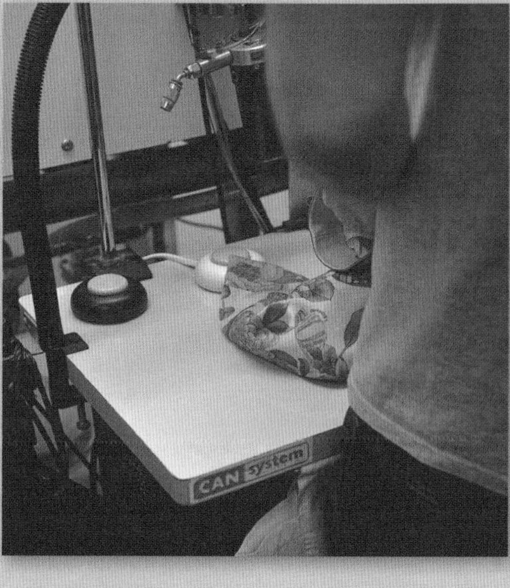

Care of a seasonal item

Question 22

夏の汗ジミのお手入れを教えてください。

Check!

Check!

Answer

汗ジミになってしまう前に取り除くことがポイントです。

詳しく説明すると…

汗は時間がたつと酸化して変色してしまいます。それが汗ジミなのです。汗ジミは、できてからではお手入れしても取れないので、着てから2週間以内に対処するようにしましょう。

木綿・麻の場合

汗をかいたら、すぐに対処することが大切です。時間をおかなければ汗は水だけで取れます。トイレットペーパーやペーパータオルを洋服の内側に当てて、表側から濡れタオルでしっかり叩いて汗をペーパーに出しきります。作業が終わったらハンガーにかけて乾かしてください。ウールも同様の対処で大丈夫です。

トイレットペーパーやペーパータオルをくしゅくしゅにして、汗をかいた部分の内側に入れます。

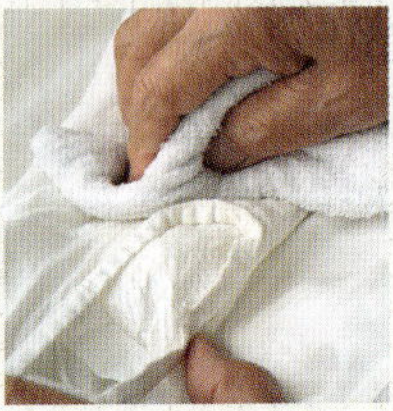

内側に入れたペーパーに移し取らせるような感じで、濡れタオルでトントンと叩きます。

シルクの場合

基本的な考え方は、木綿・麻と同じです。ただしシルクの場合は、汗を取るために使う水分が、逆にシミをつくってしまうこともあるため、濡れタオルは固く絞って使ってください。そして素材をいためないよう、強く叩かずにぼかすように軽く叩いてあげることがポイントです。

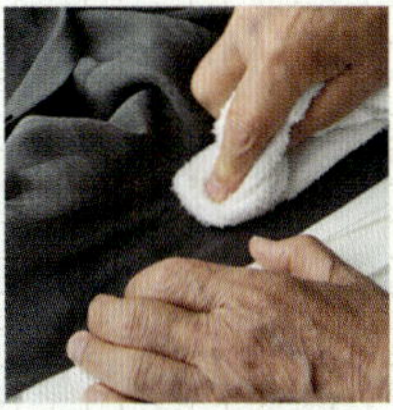

シルクはとてもデリケート。叩くというより、押さえるぐらいの軽さで作業しましょう。

コットンのジャケットの場合

大半のジャケットは、襟の部分に芯が入っています。表側を上にし、くしゅくしゅにしたペーパーと裏側が触れ合うようにして、軽く絞ったタオルで叩きます。こうして汗ジミを防げば、頻繁にクリーニングせずにすみます。

ジャケットはシャツよりも生地が厚いのでしっかり叩いてください。

首に直接触れる裏側にペーパーを当てることで、きちんと汗を取りきることができます。

Question 23

麻、木綿、ポリエステルのお手入れを教えてください。

Polyester

Linen

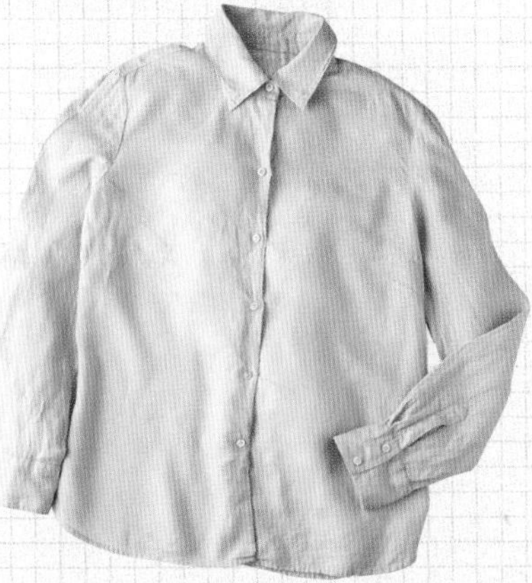

Answer

白や色の薄いものと色の濃いものは、手順が異なります。

詳しく説明すると…

同じ素材でも、白や色の薄いものと色の濃いものは、洗うときとすすぎのときの温度が若干異なります。濃い色のものの色抜け防止対策ですので、分けて洗うことを心がけてください。

1 前処理をします

ふつうに着ていてよごれる箇所は襟と袖口です。そのほか食事や家事などで付いたよごれも洗濯機に入れる前に前処理しましょう。色の濃いものは、前処理の前に色落ちの確認をしてください。詳しくはQ7(46ページ)参照。

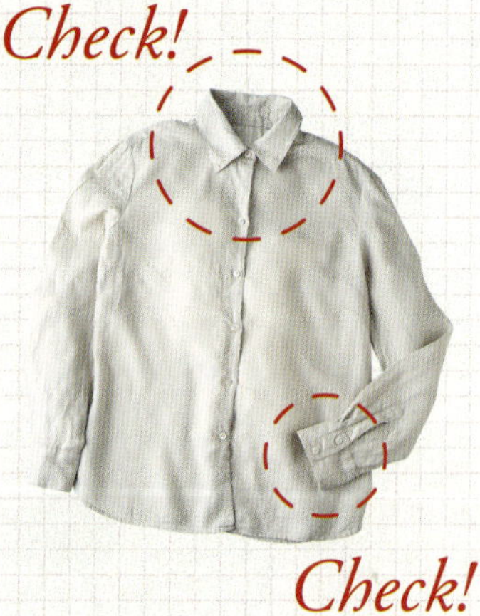

襟や袖を部分的に洗いましょう

襟と袖口に付いている主なよごれは皮脂や髪の毛の脂です。Q2（26ページ）で紹介している手順で、アルカリ性の強い石けんを使い、ブラシで軽くこすって落とします。色の濃いものは色あせ防止のため、ブラシではなくスポンジを使います。

①石けんでこする

②ブラシでこする

シミやよごれはこすらずにもみだします

水溶性のよごれか油性のよごれかで使う洗剤が変わります。Q1（20ページ）で紹介している手順で落とします。

③もみ洗いする

ボタンなどの付属品が付いているものはネットへ

ボタンなどの付属品が付いているものやファスナーが付いているものは、ほかの服に引っかかるのを防ぐために大きめのネットに入れてから洗濯機に入れましょう。

2 洗濯機に入れます

前処理した洋服を洗濯機に入れます。このとき前処理の洗剤をすすぐ必要はありません。洗濯機に入れる服の量は、ドラムの6割程度を守ってください。洗剤は弱アルカリ性のものを使用します。粉洗剤でも液体洗剤でもお好みで、ただしラベルに記載されている適量を使ってください。

洗濯物を入れる量 6割

3 洗い・脱水を行ないます

白と薄い色の洋服を洗うときの理想の水温は50℃で、洗う時間は10分を設定してください。色の濃い洋服は水温は30℃と少し低めで、洗い時間は同じく10分です。すすぎは白と薄い色は50℃で3分、次に水で15分。色の濃い洋服は30℃で5分、水で15分です。脱水はどちらも5分ですが、ポリエステルは2分程度で大丈夫です。

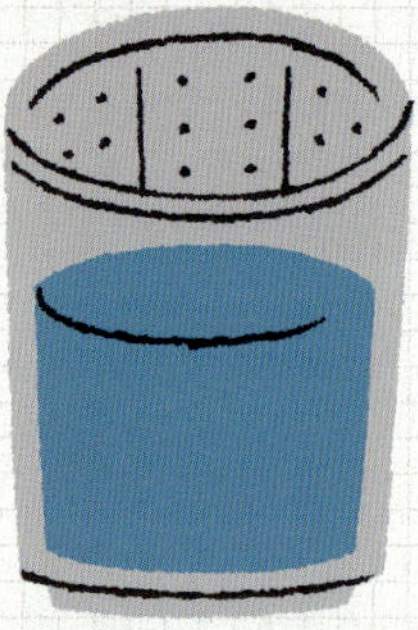

白と薄い色の服なら…

お湯の温度 50℃

洗い時間 10分

4 干すときは

まずパンパンとはたいて全体のしわを伸ばしてください。特に縫い目の周りはよく引っ張って伸ばしておくと、アイロンがけが楽になります。シャツやブラウスなら襟や袖口、ボタン周りをしっかり伸ばすことも忘れずに。ハンガーにかけて日陰もしくは室内で電気を点けずに干します。

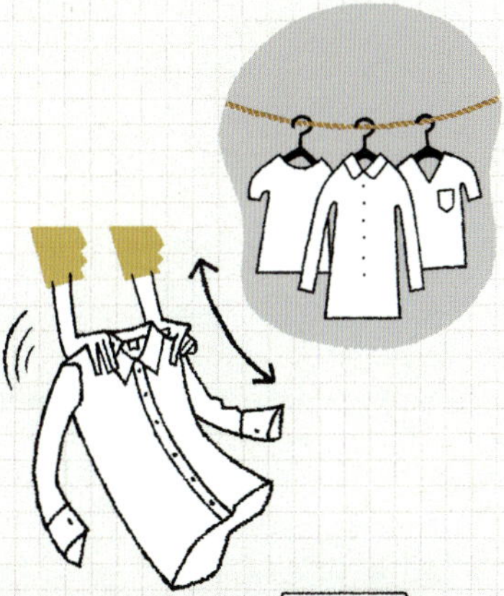

5 ふんわり仕上げるために仕上げに乾燥機へ

7割方乾いたところで乾燥機に30分ほどかけると、風合いを保ってふんわりと仕上がります。朝干して帰宅したときにはすでに乾ききっているという場合は、霧吹きで少し湿らせてから乾燥機にかければ、同じ効果が得られます。乾燥機まかせにするのはNG。大切な洋服が縮んでしまいます。

シルクはどうすればよい？

「シルクも自宅で洗えたら……」。そう思う方はたくさんいらっしゃると思います。ですがとても扱いにくい素材なので、信頼できるクリーニング店に出すのが賢明です。

Question 24

ウール、カシミア、アンゴラのお手入れを教えてください。

Wool

Cashmere

Answer

とても縮みやすい素材です。
すべての手順で、もまないこと。

詳しく説明すると…

ふんわりした独特の風合いを保つためには、ドライクリーニングよりも家庭で手洗いするのが一番のお手入れ法。洗濯機のドライコースは便利に思えますが、繊維をもんでしまうのでNGです。

1 採寸しておきます

ウール、カシミア、アンゴラは、ほかの素材に比べてとても縮みやすいです。サイズを保ちたい服は洗う前に採寸しておいて、乾かすときにそれに合わせましょう。採寸するのは、身丈と、脇の下の左右幅、そして袖がある場合は袖の長さの3カ所です。

2
よごれやすいところは、石けんで前処理します

よごれの気になる首周りや袖口は、洗顔石けんを使います。柔らかいブラシもしくは手でよごれを落としましょう。ここで絶対にもまないこと。ウール、カシミア、アンゴラは人間の髪の毛と同じで、もまれるとキューティクルがからんで縮んでしまいます。もまずに軽く叩いてください。

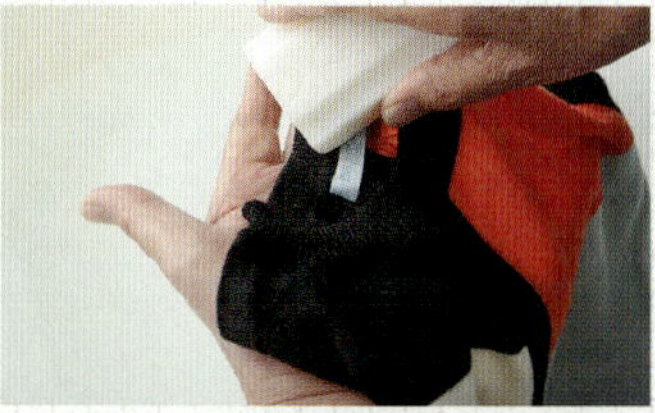

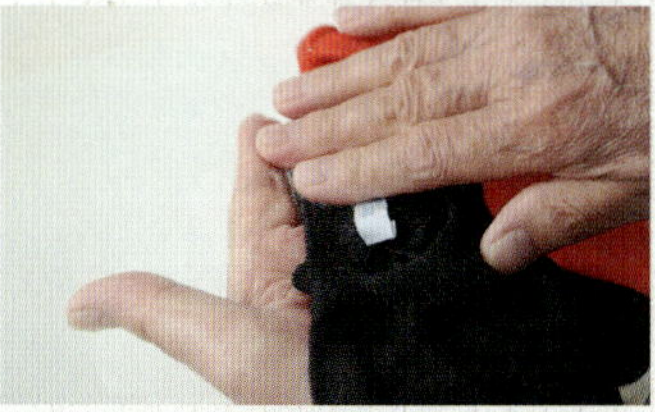

3
押し洗いでよごれを出します。すすぎは水で

40℃のお湯に中性洗剤(なければ弱アルカリ性)を溶かしたものに、洗濯物を入れます。30秒ほどで洗剤が浸透するので、ゆっくり30回ほど押し洗いします。お湯を取りかえてもう一度30回押し洗いします。すすぎは水を出しっぱなしにして押しながら。水がキューティクルを閉じます。

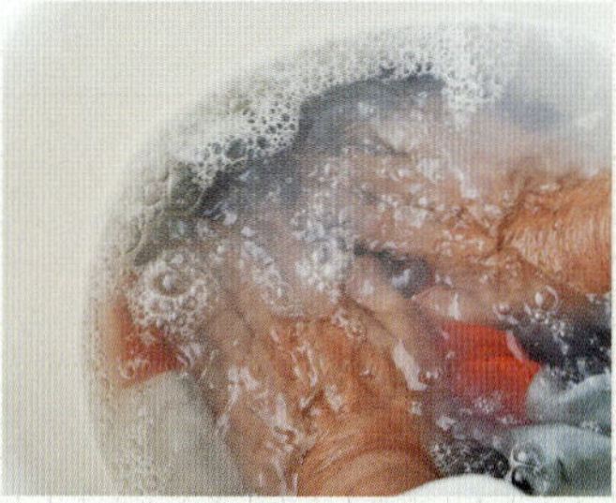

4

毛並みを ととのえるために ヘアリンスを使います

よくすすいだら水を減らして、髪の毛用のヘアリンス（またはトリートメント）を入れます。人間の髪の毛と同じですから、ヘアリンスがきくのです。量の目安はセーター１枚につき２プッシュ。繊維がゆるゆると柔らかくなるのがわかります。もちろん、衣服用の柔軟剤でもかまいません。

5

最後は 洗い流しません

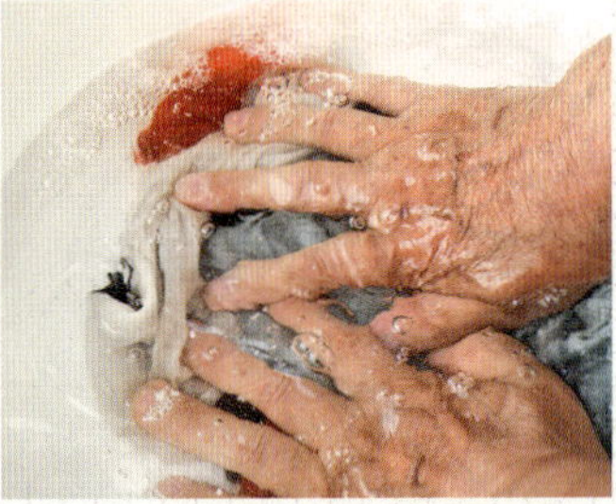

ヘアリンスを使った場合、髪の毛はすすぎますが、ウール、カシミア、アンゴラなどの繊維には「ぬめり感」が必要なのですすぎません。ヘアリンスは冷水では溶けにくいので、溶ける程度の温度のお湯を使ってください。あまり熱いとキューティクルが再び開くのでご注意を。

6

軽く絞ってから脱水します

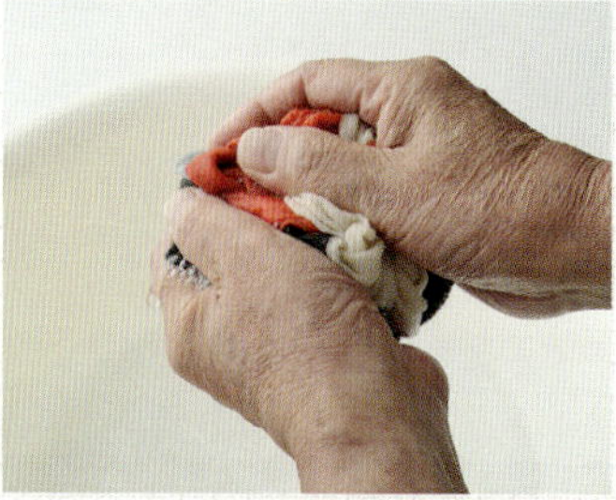

手でギュッと絞ってから、脱水します。洗濯機の容量によって時間は変わりますが、目安はビューンと回り始めてから30秒。水気を感じないぐらいまで回します。ただし脱水しすぎるとしわができてしまい、そのしわは取れません。洗濯機から離れず、時間を守ってください。

7

タオルの上に平おきして乾かします

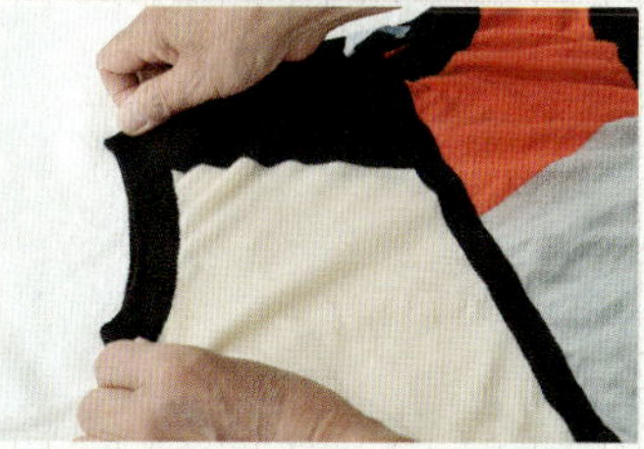

脱水が終わったら、かたちをととのえてバスタオルやネットの上に平らに干します。はじめに採寸しておいた場合は、このときに同じサイズにととのえます。干す場所は浴槽のふたの上や、ソファのシート、テーブルの上など、平らで広い場所を利用するとよいでしょう。

8 完全に乾いたら乾燥機へ

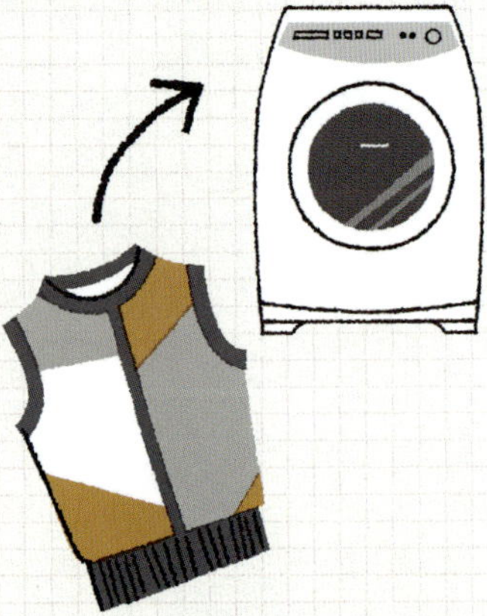

完全に乾いてから乾燥機にかけます。洗濯によって寝てしまった毛が、熱風の中で回転させることで再び起きてきます。時間は20分。これでフワフワの状態になります。ただし少しでも濡れていると縮みの原因になりますから、気を付けて。

乾燥機がない場合は

乾燥機がない場合は、ドライヤーで代用できます。ハンガーにかけてドライヤーの温風を当てて、下から上にブローします。

9 最後に軽くアイロンをかけて、毛並みをととのえます

アイロンをかけるというより、蒸気をかけて毛並みをととのえます。蒸気をかけるのは基本的に裏からで、その場合は繊維に軽く触れても大丈夫です。特に糸の細いものは直に当てることでしわが伸びます。ただし押し付けてはいけません。せっかく乾燥機の熱風で起きた毛が、また寝てしまいます。

Question
25

コートやセーター、
冬の洋服に付きやすい毛玉。
簡単な取り方は
ありますか?

Answer

キッチンで使うスポンジが大活躍。両面使うとよりきれいになります。

詳しく説明すると…

さまざまな毛玉取りが市販されていますが、身近にあるキッチン用のスポンジが、実は万能選手。柔らかいスポンジ側と、ちょっと固いスチール側を使い分けるときれいに取れます。

繊維同士がこすれたりバッグが当たったりするうちにできてしまう毛玉。やっかいです。

え、これが同じセーターなの？　というぐらいきれいに。しかも簡単に取れます。

まず固い面で、仕上げはソフトに

平らな場所で作業します。毛玉のある部分にスポンジの固いスチール側を当てて、スナップをきかせてスッスッと素早く。ずっと同じ場所にスポンジを当てないようにしてください。仕上げに柔らかい側で毛並みをととのえます。これでまた気持ちよく着られます。

Question 26

セーターを洗ったら縮んでしまいました。縮まない方法はありますか？

Answer

洗うときも乾かすときも要注意。繊維がからむと確実に縮みます。

詳しく説明すると…

ウール、カシミア、アンゴラ素材は人間の髪の毛と同様に表面にキューティクルがあり、もまれるとからんで縮みます。洗濯機のドライコースは繊維をもみますから、使わないでください。

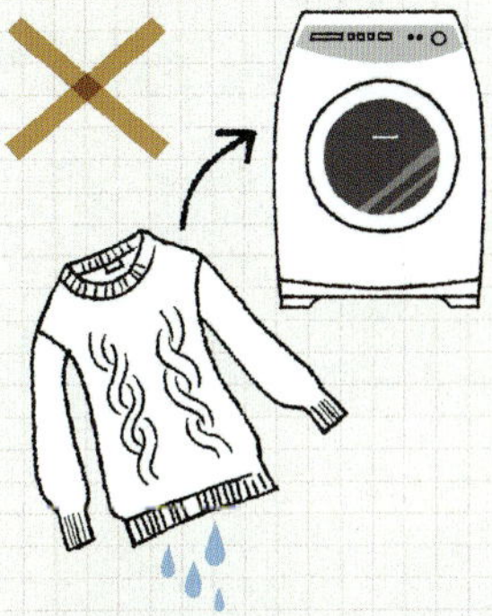

もみ洗いはNG！

セーターの主な素材であるウール、カシミア、アンゴラで絶対してはいけないのが「もむこと」。前処理は叩いて、本洗いでは押し洗いして、もむことは決してしないように。

乾いていないうちに乾燥機にかけるのはNG！

少しでも湿気が残っている服を乾燥機にかけてしまったら、たちまち縮んでしまいます。完全に乾いていることを確認してから、乾燥機に入れましょう。

Question
27

ダウンジャケットも家庭で洗えますか?

Down jacket

Answer

洗えます。コツは
コインランドリーを活用することです。

詳しく説明
すると…

寒い冬の必需品、ダウンジャケットも自分でお手入れできます。コツは最後の仕上げをコインランドリーの大きな乾燥機で行なうこと。表面がポリエステルの場合のお手入れ法を紹介します。

1

ファー付きのものは
着脱式なら取り外します

ファーは水洗いすると固まってしまうので、着脱式なら取り外して、無理ならドライクリーニングに。

2 石けんとブラシで よごれやすいところを 部分洗いします

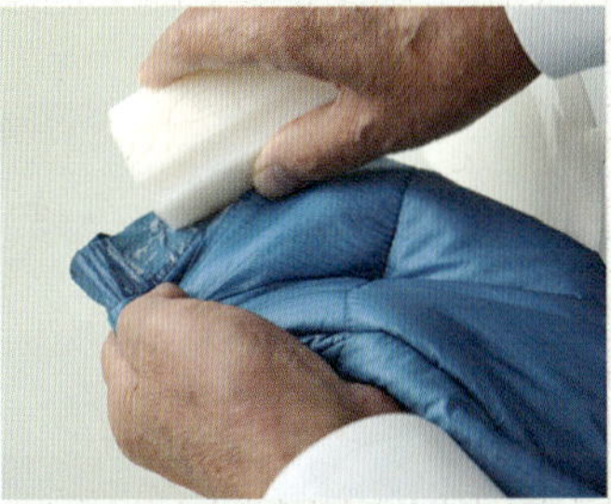

ほかの洋服と同様、気になるよごれは前処理します。襟と袖口に付いている皮脂や髪の毛の脂は、よごれている部分を濡らしてからアルカリ性の強い石けんを付けてブラシでこすります。ポリエステル素材は色落ちしないので、ブラシでこすっても大丈夫です。

3 浴槽でふみ洗いします

ダウンは軽いため、洗濯機では浮き上がってきてしまい洗えません。浴槽にくるぶしが少し隠れるぐらいまで水をためて、洗濯機に使用する半量の中性洗剤(なければ弱アルカリ性でも可)を入れ、よく溶かしてからダウンを入れます。足でダウンをふみつけて、よごれをしっかり出します。

4 すすいで脱水します

よごれを出しきったら水を流し、40℃のお湯をためて30回ほど足でふんで洗剤を出しきります。そのお湯を捨てたら、シャワーをかけながらさらにふみます。泡が出なくなったらすすぎ完了のサイン。脱水機でまず3分脱水します。それでも濡れているようでしたらもう2分脱水してください。

脱水時間

3~5分

5 ハンガーにかけて自然乾燥しましょう

ハンガーにかけてかたちをととのえ、自然乾燥します。ウール、カシミア、アンゴラと同様に、あとで乾燥機にかけますが、ここで完全に乾かすことが大切です。表面のポリエステルや裏地だけでなく、中のダウンまでしっかり乾いたことを確認してください。

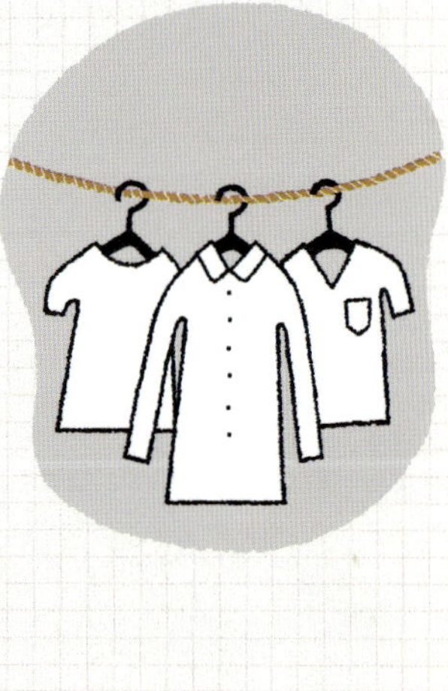

6

最後は乾燥機へ。ふわふわに仕上がります

完全に乾いたら、コインランドリーの大きな乾燥機に20分かけます。家庭用ではなく容量の大きな乾燥機を使うことで、ダウンが思い切り気持ちよく膨らみ、ふわふわに仕上がります。「うちの乾燥機に入るから」「外まで持っていくのがおっくう」と言わず、ぜひ大きな乾燥機にかけてください。

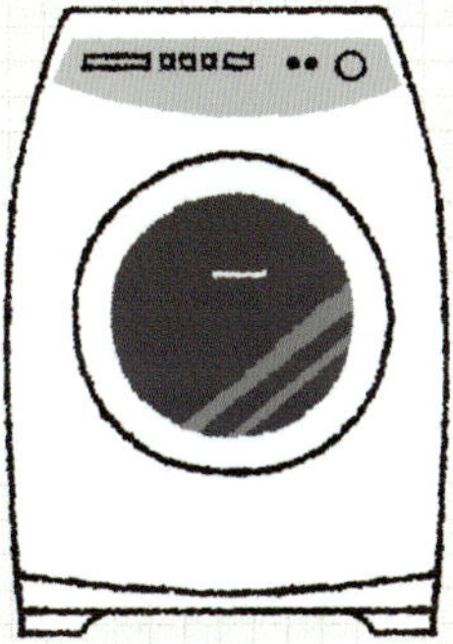

乾燥時間

20分

Question 28

コートのふだんのお手入れを教えてください。

Answer

ブラシでほこりを落としてから毛並みをととのえましょう。

詳しく説明すると…

コートは室内では脱ぎますし、頻繁に洗う必要はありません。むしろ大切なのは着たあとのお手入れです。毎回ブラッシングでほこりを落としておけば安心です。

最初は生地の目と反対にブラッシング。やさしくかけるというより、力を込めてほこりとよごれをしっかり出しきります。

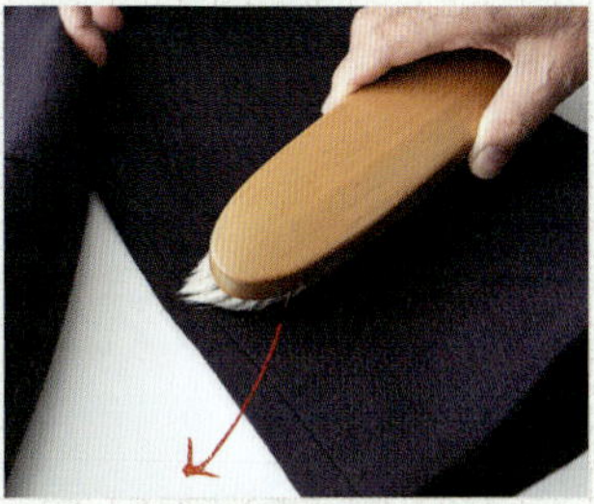

次に目に沿ってブラシをかけます。こちらはお出かけ前にするのもおすすめ。毛並みがととのって、ツヤと風合いが出ます。

脱いだら毎回ブラッシングしましょう

コートを着るのは圧倒的に屋外でのことが多いはずです。外気に触れることで付着するほこりやよごれを、きちんとブラッシングして取りましょう。まず生地の目と反対にブラシをかけて、ほこりとよごれをはき出します。次に目に沿ってブラッシングすることで、毛並みがととのい、ツヤが出ます。

Question 29

洗えない帽子のお手入れを教えてください。

Answer

外側はブラッシングで、内側は濡れタオルできれいに。

詳しく説明すると…

帽子はとても立体的につくられているので、水洗いすると型くずれを起こしてしまい、家庭で洗うことは難しいもの。肌に触れる部分と外側を、こまめにケアしてきれいを保ちましょう。

ファンデーションが付いた内側をふき取ります

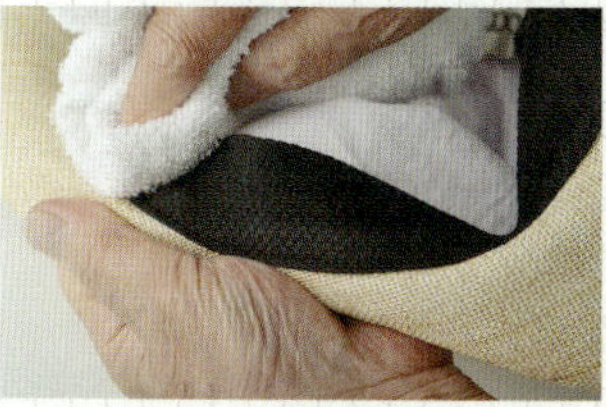

前髪に隠れていても帽子の内側にはファンデーションや皮脂が付きやすいもの。濡れタオルで叩いて、よごれを浮き出させて取ります。気が付いたらすぐに行なうことが大切です。

外側はブラシでほこりを落として

外側に付いたほこりは、ブラッシングすることで落とせます。まず生地の目と反対にブラシをかけて、ほこりとよごれをはき出します。次に目に沿ってブラッシングして毛並みをととのえます。

額に触れる部分のよごれをこまめにチェック

帽子は洋服と違って頭の上にのせているだけですから、よごれが付く割合は多くはありません。唯一肌に直接触れるのが、額の部分。お化粧をしていればファンデーションが、そうでなくても皮脂が付きます。よごれが気になったらその都度濡れタオルで叩くことで、付着を防ぐことができます。

Question 30

スウェードや皮革の簡単なお手入れ方法はありますか?

Answer

ありります。ほこりやよごれを落として、お手入れしましょう

詳しく説明すると…

家庭でも毛並みをととのえたり汗のよごれを取ることはできます。しかし皮革の洋服は縮みやすく、風合いの再現も難しい素材。皮革専門か信頼のおける店に出してお手入れしてもらいましょう。

スウェード

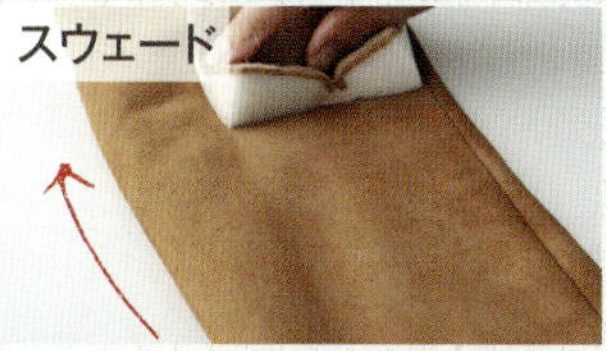

スポンジの柔らかい面で、逆立てるようにしてほこりをはらいます。

次に革の目に沿って滑らせるようにして、ととのえます。

皮革

皮脂などでよごれた首周りには、撥水スプレーをたっぷりかけます。

タオルでこすり、よごれを取ります。換気できる場所で行ないます。

Question 31

ストールはどのように洗うのがよいですか?

Answer

素材表示を見て、ほかの洋服と同じように洗います。

詳しく説明すると…

ストールは冬だけでなく、最近は夏でも身に付ける機会があります。素材もウールだけでなく、木綿や麻を使ったものがありますので、表示を確認して素材に合った洗い方をしましょう。

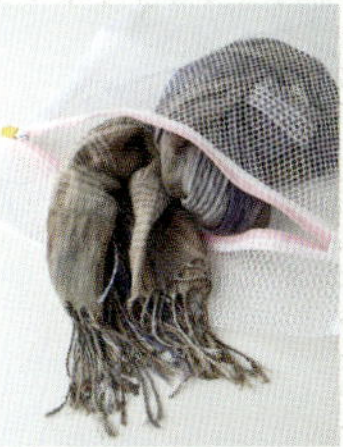

フリンジタイプのものはネットへ

ストールは両端にフリンジが付いているタイプも多いです。洗うときも脱水のときもネットに入れると、よれるのを防止できます。

Question 32

オフシーズンのおすすめの収納方法を教えてください。

Answer

ジャケットなどは袖に紙を入れてふんわりたたみます。

詳しく説明すると…

セーターやシャツと違い、ジャケットは立体的につくられています。ハンガーにかけずにたたんで収納するときには、立体感を損なわないよう、クッションを入れてあげると効果的です。

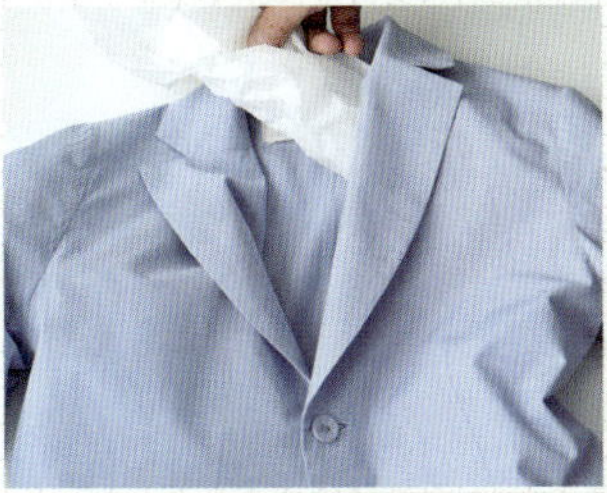

袖にペーパータオルや和紙を入れます

くしゅくしゅにして入れることで、洋服自体の立体感を保ちます。

ふんわりたたんでしまいます

型くずれしないよう、力を入れすぎずに、ふんわりたたみましょう。

多少場所を取りますが、「ふんわり」が大切

袖に紙を入れて、ふんわりたたむと、収納場所はその分必要になります。圧縮できる収納袋を使ったほうが省スペースにはなりますが、大切な洋服に確実にしわが寄ってしまいます。長く楽しく着るためにも、「ふんわり」を心がけてください。

Question 33

洗濯のベストな頻度を教えてください。

Answer

よごれたときが洗うとき。
洗いすぎは禁物です。

詳しく説明
すると…

よごれていなければ、無理して洗う必要はありません。洗うことはお手入れのひとつですが、風合いを減らすことにもつながります。汗や部分よごれを取り除いてあげれば充分なことも多いのです。

たとえばセーターなら 10回ぐらい着たら

セーターは洗いすぎない方が風合いを保てます。10回着たら1回洗うぐらいで充分。汗をかいたときは、気になる部分を汗ジミ防止の処理をしておけば安心です。夏ものも、汗の処理をきちんとすれば毎回洗わなくて大丈夫。ウールのコートはよごれていなければブラッシングだけで問題ありません。

Question 34

クリーニング店から戻ってきたときのカバーは、外したほうがよいですか?

Answer

外して、においを飛ばしてから しっかり密閉しましょう。

詳しく説明すると…

次のシーズンまで保管する場合、一度カバーを外して溶剤の石油のにおいを飛ばし、カバーの中に防虫剤と乾燥剤を入れて密閉します。これで虫食いも湿気も防ぐことができます。

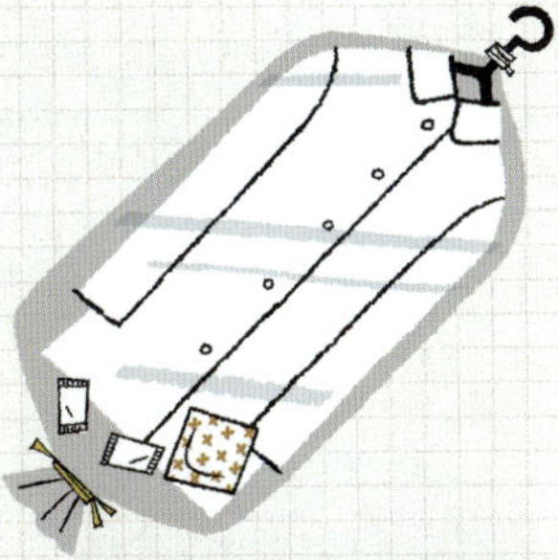

ハンガーの上も下も きっちり閉じます

次のシーズンまできれいに保管するために、木綿には乾燥剤を、ウールなら乾燥剤と防虫剤（化合しないよう一種類）をカバーに入れます。大切なのが、カバーをきっちり密閉すること。ハンガーの上部も忘れず留めてください。これで、ほこりと虫の侵入を防ぎます。

ハンガーの上部はテープでしっかり留めます。

下はひもでギュッとしばれば簡単です。

Chapter 3

洋服を復元する
アイロンテクニック

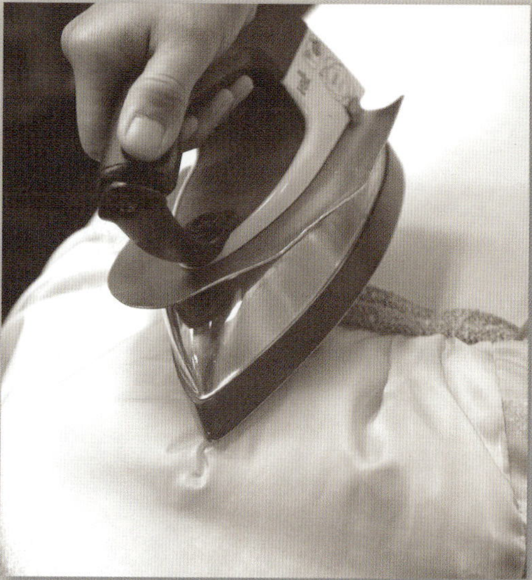

アイロンがけがおっくうという方は多いのではないでしょうか。

上手なかけ方を知らない方ほどそうおっしゃいます。

正しいかけ方を覚えれば、あっという間にアイロン上手になれます。

The iron technique which restores clothes

Question
35

シャツのアイロンがけが上手にできません。コツを教えてください。

Iron a shirt

コツさえつかめば、クリーニング店に頼らずとも
自分でこんなにきれいにかけられます。

Answer

せわしく動かすのはNG。
両手を使ってゆっくりかけます。

詳しく説明すると…

生地の上でアイロンを動かし続けるのは、実は大間違い。生地のコシが抜けてしまいます。利き手にアイロンを持って、もう片方の手で生地を伸ばしながら、ゆっくりかけることが大事です。

1 霧吹きで たっぷりと水をかけます

木綿のシャツのアイロンがけには、霧吹きが必需品です。アイロンのスチームは熱した鉄板を通して出てきます。どちらかというと乾燥した蒸気なので、シャツのしわを伸ばすには足りません。霧吹きでたっぷり水をかけてください。この水分が、しわを伸ばします。

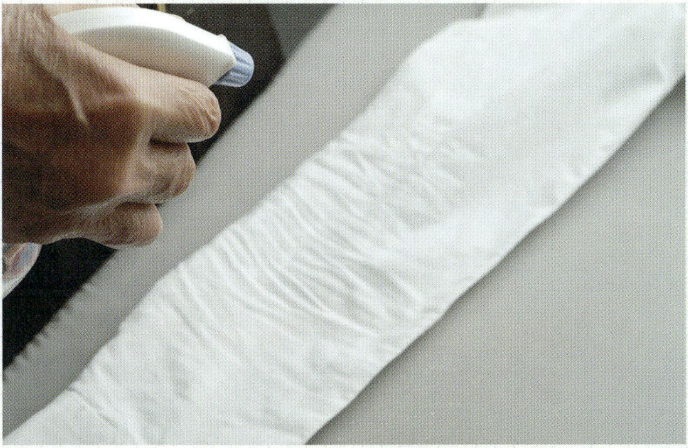

たっぷり水をかけたら、手でしわを引っ張っておきます。

2

前身ごろの裏側にかけます

温度設定は高温です。生地が厚い場合は、まずは前身ごろの裏側からかけます。利き手が右なら右手でアイロンを持ち、アイロンはゆすらず、その重さを利用して生地を伸ばしていきます。そして、左手でアイロンの行く先を先導するように生地を引っ張ります。

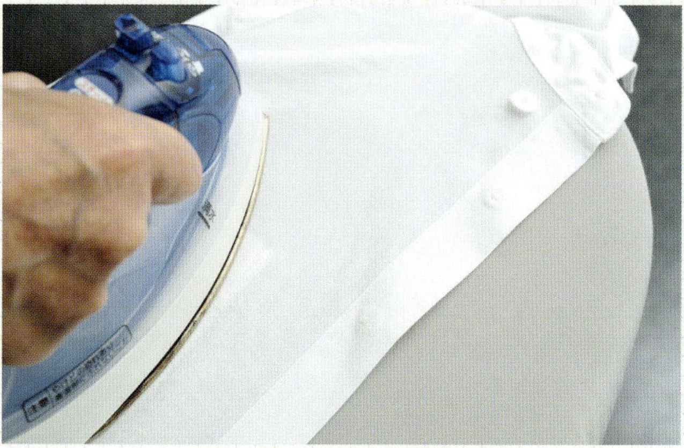

アイロンはゆすらず、なるべく動かさず、おくぐらいの気持ちで。

3

袖の表裏にアイロンをかけます

次に、袖にかけます。表と裏の両方にかけて、しわを伸ばしつつ、霧吹きした水を充分に乾かします。縫い目は霧吹きに加えてスチームもかけるとよいでしょう。縫い目は生地が重なっていますので、スチームをかけることで生地が膨潤し、しわが取れやすくなります。

たっぷり濡らして、アイロンで乾かす。それでしわが取れます。

4 袖口も裏7割、表3割かけます

袖口は裏からかけましょう。左手で袖の片方を持ってピンと引っ張り、生地を伸ばしてあげることを忘れずに。裏を7割、表を3割と覚えてください。裏でほとんどかたちをつくってしまい、表はツヤを出すためにかけます。これでジャケットから見える袖が、格好よく仕上がります。

左手でピンと引っ張ります。

5 肩周りはアイロン台にかけて立体的に

袖と袖口が終わったら、次は肩周りです。肩は立体的に裁断・縫製されているので、そのカーブを活かしてアイロンをかけることが大切です。大半のアイロン台の片側は角が丸くなっているので、そこを利用しましょう。生地が重なっている部分には、スチームも使ってください。

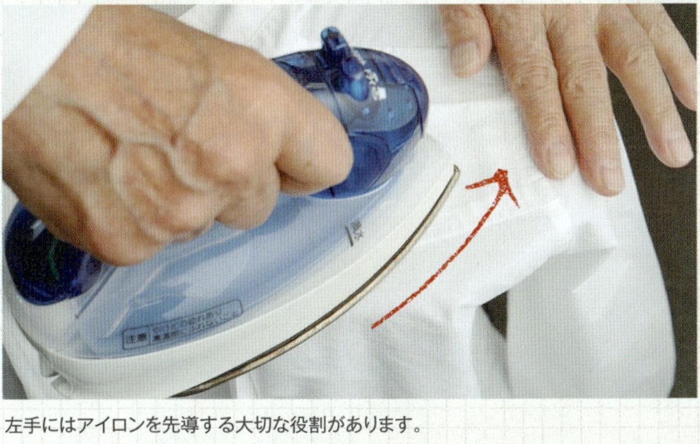

左手にはアイロンを先導する大切な役割があります。

6 前身ごろの表側にかけます

ここから大きな面積のパーツです。前身ごろの表側をかけます。シャツの生地が厚い場合は、最初に前身ごろの裏側にアイロンがけします。薄い場合は表側だけで大丈夫です。ボタン周りをかけるときも、アイロンをせわしくゆすったり動かさず、しっかり押さえてください。

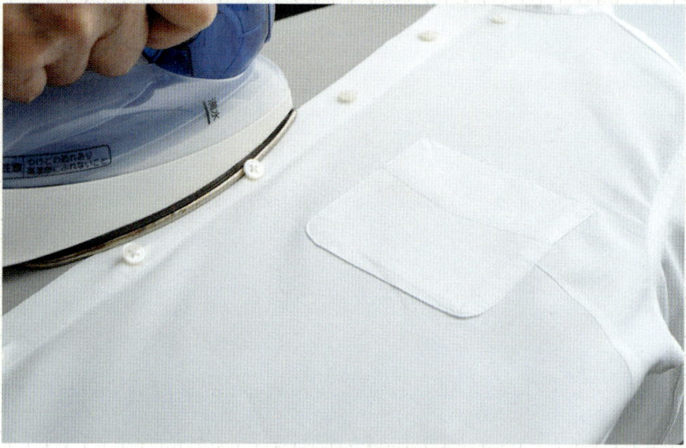

アイロンの先でかけるのではなく、アイロン全体を使います。

7 縫い目のところはていねいに

袖とジョイントしている部分は、生地が重なっている場所でもあり、縫い目の場所でもあります。小じわが寄っていることが多いので、スチームも使いながらていねいにかけましょう。

小じわには霧吹きとスチームのダブル使いが効果的です。

8
背中のセンターベンツは、かたちをととのえてからアイロンをかけます

前身ごろにかけ終えたら、次は後ろ身ごろです。最初に全体にかけた水が、このころには乾いているかもしれません。すでにアイロンをかけたところに水がかからないよう注意しながら、もう一度霧吹きしてください。センターベンツは、かたちをととのえてしっかりかけます。

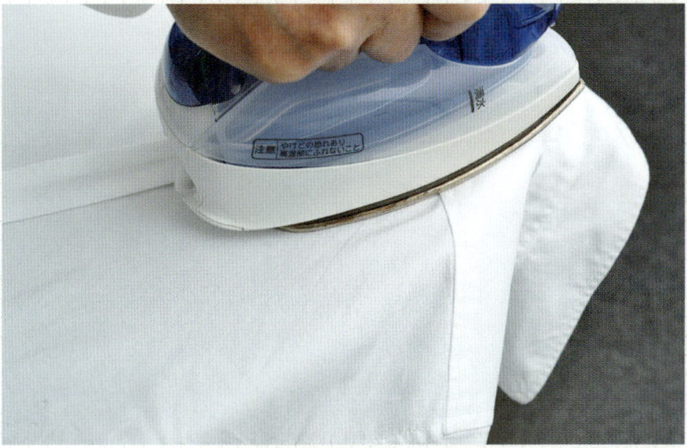

センターベンツをかたちづくったら、上からアイロンをのせます。

9 襟の仕上がりが大事。アイロンをしっかり押し当てて

最後に襟にかけます。襟を最後にするのは、一番人目に付く部分で、一番きれいに仕上げるべきだからです。袖口と同じように、裏7分、表3分の割合でかけます。生地が重なっている部分でもありますので、アイロンの重さに両手の重さを加えてしっかりかけたら、完成です。

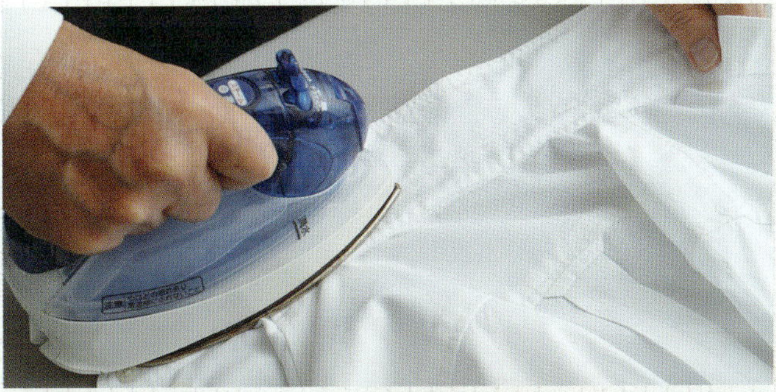

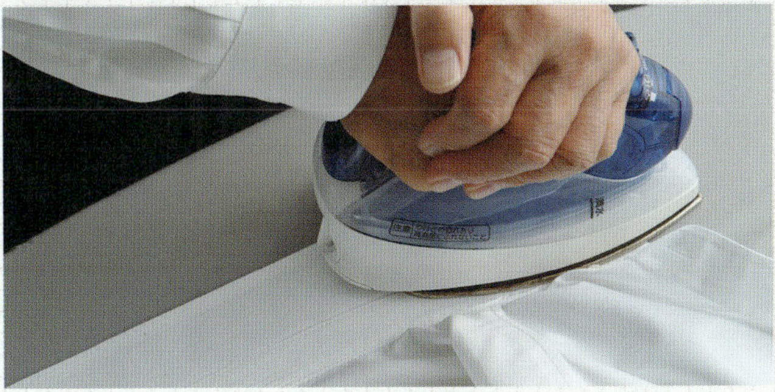

両手で上からギュッと押して、きれいに仕上げましょう。

シャツのきれいなたたみ方

きれいにアイロンをかけ、きれいにたためば、常に気持ちよく着られます。

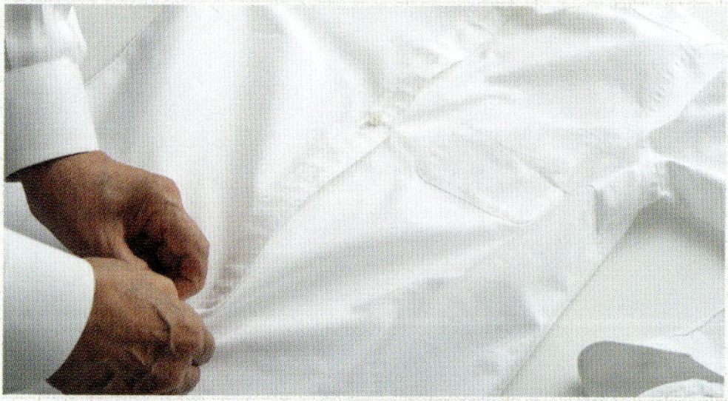

1

前身ごろを合わせてボタンを3つほど留めます。

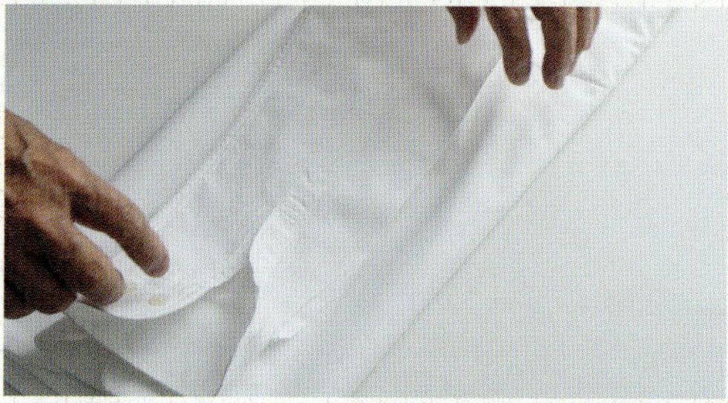

2

裏返して指2本分余裕をもって袖をたたみます。

3

袖口をきれいにととのえます。

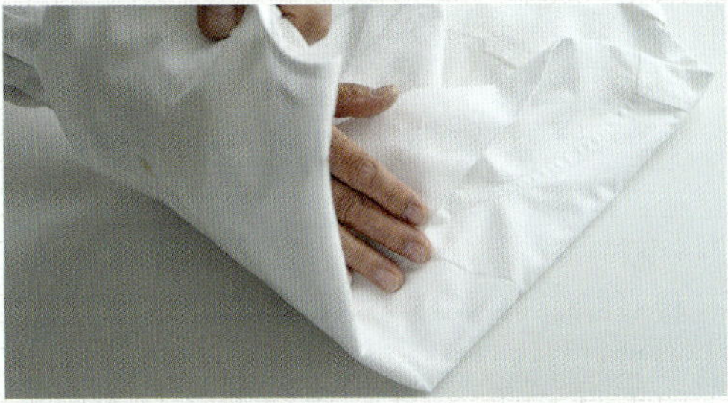

4

身ごろの真ん中に手を当ててたたみます。

5

真ん中にしわが寄らないよう右手で調整します。

6

できあがり。しわひとつないきれいなシャツ！

Question 36

しわになってしまったジャケットのアイロンのかけ方を教えてください。

Answer

立体的につくられている洋服には「うま」をおすすめします。

詳しく説明すると…

ジャケットでしわが寄りやすい袖は、内側と外側の両方に縫い目があり、立体的に縫製されています。これをきれいに仕上げるのに欠かせないのが「うま」です。ぜひご用意ください。

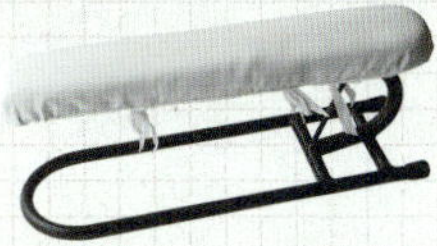

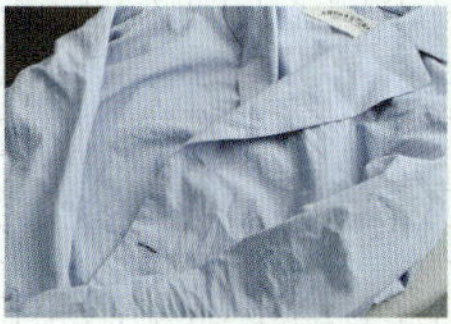

写真はコットンのジャケット。汗など水分を吸収しやすく、しわも寄りやすい。一度着ただけで、こんなにしわができてしまいます。

1 たっぷり霧を吹いて。袖うまを使いましょう

ジャケットのように立体的な洋服にアイロンをかけるには、アイロン台とはべつに小回りの利く「うま」が大活躍します。複数のうまがありますが、袖うまがあればとても便利。袖以外にも、襟や小じわの寄った場所などにも活躍します。しわの寄った袖には、霧吹きで水をたっぷりかけて。

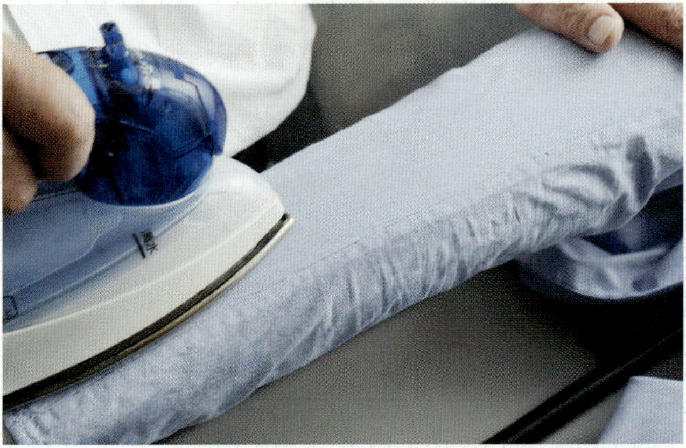

袖うまに袖をすっぽりはめてしまいます。

2 肩周りはアイロン台にかけて立体的に

このジャケットは木綿素材なので、シャツと同じように霧吹きで水をたっぷりかけます。袖にかけ終わったら、次は肩周りにかけましょう。ここは袖に比べて面積が広いので、アイロン台のカーブを上手に利用します。アイロンはゆすらず、上から押さえます。

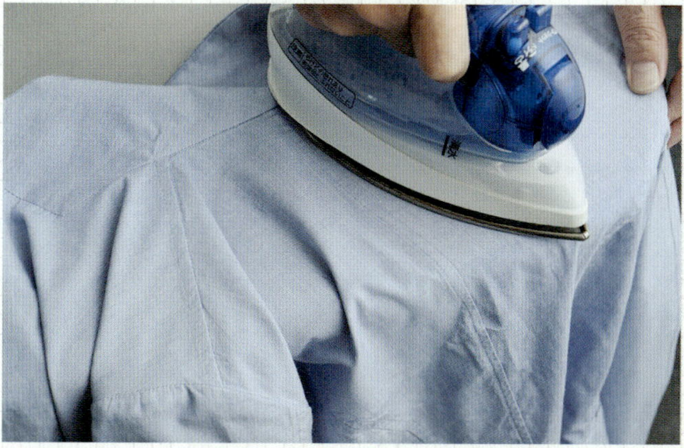

大きなカーブにはアイロン台が便利です。

3 前身ごろ、背中、パーツごとに

シャツはジャケットを着ていれば隠れる部分もありますが、ジャケットはすべてが見えている洋服です。どのパーツもていねいにかけて、どこから見られても美しい仕上がりを心がけてください。生地が厚い場合は右手だけでなく、左手の重さも加えてしっかり押さえましょう。

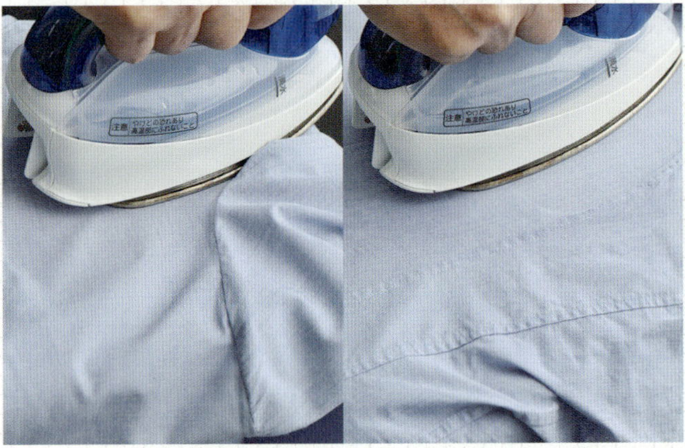

アイロンと手の重みでしわを伸ばします。

4 襟周りにしっかりとアイロンをかけましょう

最後にかけるのは、シャツと同じように襟です。すべてが見えている中でも、やはり一番見られる場所が襟なのです。立体的に縫製されていることも多いので、しわが寄らないように気を付けて。この時点で乾いてしまっているようでしたら再度霧吹きしてください。

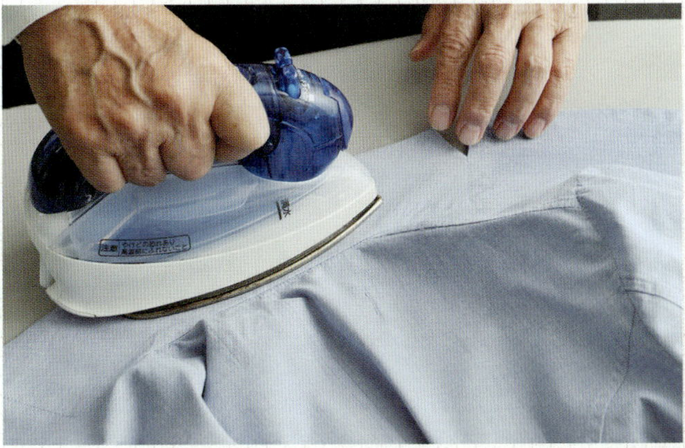

左手を遊ばせないことを忘れずに。

Question 37

しわになりやすいパンツのアイロンのかけ方を教えてください。

Answer

アイロンをかけるときは裏返し、スチームをこまめにかけます。

詳しく説明すると…

パンツは脚に合わせて複雑な動きをしたり、長時間座ったりしたときにしわが付きやすい洋服です。着たら毎回アイロンをかければしわも取れ、洗う回数は少なくできます。

パンツは素材によっては、一度はいただけでしわが寄ってしまいます。
このパンツはウール52%、レーヨン47%、ポリウレタン1%。

1 裏返しにしてかけます

ウール素材が入っていますので、アイロンの温度は中温に設定します。生地をつぶしてしまわないよう、裏返しにして裏からかけます。色の濃いパンツの場合は必ず当て布をして、テカッてしまうのを防ぎましょう。ワイシャツのお古などを、使いやすい大きさに切っておくと便利です。

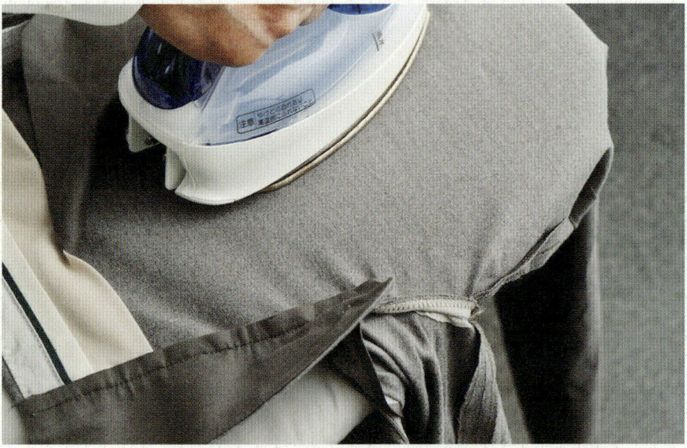

この色の濃さなら当て布はいりません。

2 スチームを使います。きついしわには霧吹きを

シャツのように固いしわではなく、柔らかいしわの場合は、霧吹きではなくアイロンのスチームを使います。ただし、きついしわがある場合は、霧吹きも使ってください。ヒップ周りの広い面積の部分は、アイロン台のカーブのところに生地を入れてかけると扱いやすいです。

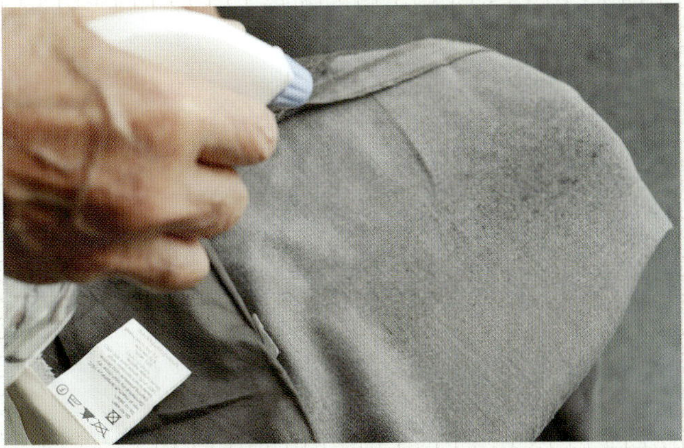

かけ終わった場所に水がかからないようにしてください。

3

押し当てるように しわを取っていきます

アイロンの使い方は、常に「ゆすらず、上から押さえる」が基本です。パンツでも同じことで、利き手でアイロンを持ち、もう片方の手で生地を引っ張りながら先導していきます。せわしく動かさず、アイロンを押し当てるようにして、しわをていねいに取っていきましょう。

しわを取りながら、ウールの質感も再現します。

4

しわがきれいになりました

すべてにアイロンをかけ終えたら、ラインを付けるパンツの場合は次のステップに。スチームの蒸気が乾いたら、スチームをオフにします。そしてドライの状態でアイロンを当てて、ラインを付けていきます。きれいなラインを付けるためにも、しわはすべて取り除きましょう。これで完成です。

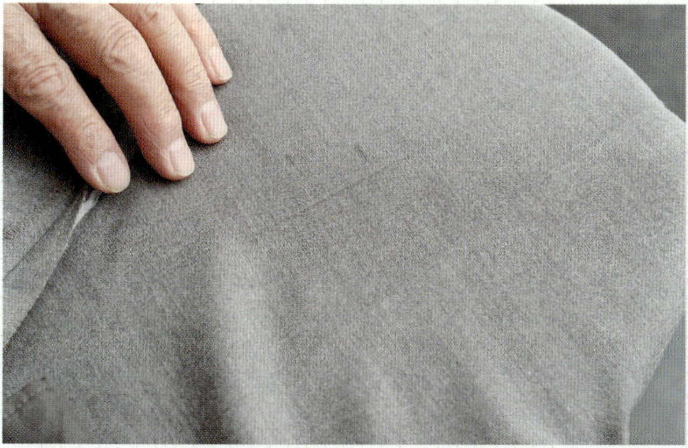

アイロンだけでパンツの風合いが戻ります。

Question 38

スカートのアイロンのかけ方にコツはありますか？

Answer

立体的につくられている部分は
アイロン台を上手に使います。

詳しく説明すると…

ヒップ周りなどの人間の丸みに合わせて、スカートも立体的につくられています。平面的にアイロンをかけるとしわができてしまいますので、アイロン台にスカートを入れてかけていきます。

平面に作られていない上部は
平らなところではかけません

1

腰周りの裏側からかけます

スチームを出しながら裏側からかけることで、しわやテカリが出るのを防げます。

2 型に沿って部分的にアイロンをかけます

アイロン台にスカートをすっぽり入れてアイロンがけすることで、不要なラインが出ません。

Question 39

アイロンのスチーム、ドライ、霧吹きの使い分けが知りたいです。

Answer

しわの加減でスチームと霧吹きを、ライン出しにはドライを。

詳しく説明すると…

きついしわを取るには霧吹きで水をたっぷりかけます。それほどきつくなければアイロンのスチームで。乾いてからラインを付けたいときにはドライでかけるのが基本ルールです。

スチーム → 比較的柔らかいしわや、洗ったセーターの仕上げに向きます。

ドライ → パンツのライン付けなど、服にラインを付けるのに使います。

霧吹き → 洗濯じわや着たときに付いたきついしわを取るのに向きます。

おすすめアイテム

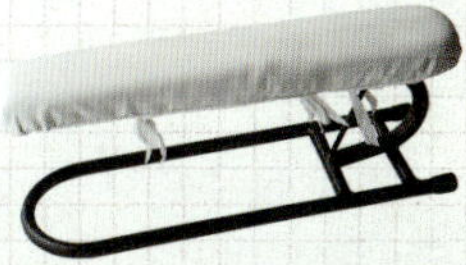

袖うま

名前の通り、洋服の袖周りを立体的にアイロンがけするときの必需品。仕上がりに大きな差が出ますので、ぜひ揃えてください。ホームセンターなどで入手可能。

霧吹き

スチームで代用している人も多いかも知れませんが、きついしわを取るのには霧吹きが欠かせません。形状や大きさは問いませんので、お手入れアイテムに加えてください。

あなたの大切な洋服を
長く美しく着こなしてください。

5年間、大切に着続けられたシャツ。家庭で洗ってアイロンもかけられている。
（→p.86、p.126参照）

たたみ方を覚えると、袖を通す気持ちよさが格段に変わる。楽しみが増える。
（→p.138参照）

あとがき

レジュイールには、値段表のご用意がありません。よごれや必要なお手入れの度合いによって、お見積もりします。ほかの店と比べて値段は高いかも知れませんが、私たちは、それに見合った技術をご提供しているという自負があります。技術は人によって異なり、それは仕上がりの差となってあらわれます。
どんな洋服でもドライクリーニングすればきれいになるとは限りません。そしてクリーニング店の技術はどこも同じではありません。「近い」「安い」といった基準で選んだ店で高度な技術を求めても、叶わないのではないでしょうか。信頼できるクリーニング店を見付けるには、日常着を出してテストしてみるのもひとつの手です。白いセーターやウールのシャツをドライクリーニングしてもらって、きれいに仕上げてくれるかどうか、試してみてはいかがでしょう。黄ばんで戻ってくるような店は、要注意（残念ですがそういう店があります）。また、大切な洋服を出すときは、その旨をきちんと伝えてください。そして万が一事故が起きた場合、どのような保証があるかを事前に確認してください。保証が明確で、誠実に対応する店ならば、安心です。ずっと付き合えるクリーニング店と、ご自分でのお手入れを上手に使い分けることで、洋服は今よりずっといきいきします。楽しんで手入れして、素敵な着こなしをみなさんがなさる — それが私の願いなのです。

レジュイール　古田武

RÉJOUIR
RÉJOUIR

REJOUIR レジュイール

〒106-0047
東京都港区南麻布 1-5-18 FRビル
TEL : 店舗03-5730-7888
営業 :03-5730-7973
FAX :03-5730-7974
営業日 : 火曜～土曜　9:00～18:00
定休日 : 日曜、月曜、祝日

本書は、2012年1月に弊社より刊行された
『クリーニングのプロが教える 家庭でできる洋服の洗い方とお手入れ』を
文庫化したものです。

古田 武（ふるた たける）

レジュイール代表取締役。1939年長野県生まれ。「クリーニングは技術と感性」をモットーに、欧州への研修旅行も重ねて独自のテクニックを構築。ラグジュアリーブランドからの信頼も厚く、数々のブランドへの講習会や伊勢丹など百貨店での講習会も頻繁に行なっている。

マイナビ文庫

クリーニングのプロが教える
家庭でできる
洋服の洗い方とお手入れ

2015年3月31日　初版第1刷発行

著　者　　レジュイール 古田武
発行者　　中川信行
発行所　　株式会社マイナビ
〒100-0003 東京都千代田区一ツ橋1-1-1 パレスサイドビル
TEL 048-485-2383（注文専用ダイヤル）
TEL 03-6267-4477（販売）／TEL 03-6267-4403（編集）
URL http://book.mynavi.jp

カバーデザイン　　米谷テツヤ（PASS）
底本デザイン　　ohmae-d（福地玲歩）
撮影　　三村健二
取材・文　　鈴木里子
イラスト　　三木もとこ（ヴィジョントラック）
校正　　西進社
協力　　アワビーズ　TEL 03-5786-1600
http://www.awabees.com/
印刷・製本　　図書印刷株式会社

※お持ちの洋服の素材や状態、洗濯機の機種などによって、仕上がりは異なることがありますのでご了承ください。

ISBN978-4-8399-5475-8
Printed in Japan

M Y N A V I **B U N K O**

おつまみ一行レシピ

唎《きき》酒《ざけ》師《し》がつくる酒の肴 136 品

やまはたのりこ 著

酒の肴の作り方をたった一行でまとめたアイデアレシピ集。おつまみはどれも定番的なもので、男性・単身者・料理初心者でも手軽においしく作れるもの。文庫片手に、ビール片手にちゃちゃっと料理ができます。また、全てのレシピに英訳が付いているので、外国の方へのプレゼントとしても最適です。

定価　本体740円+税

M Y N A V I **B U N K O**

伊達式 若返る食べ方

伊達友美 著

ダイエットの女王・伊達友美氏によるアンチエイジング読本。栄養指導によりこれまでに数多くの女性たちのダイエットとアンチエイジングをサポートしてきた著者が、“老化を防いでキレイが続く”究極の「食べ物」と「食べ方」を教えます。「健康のため」と野菜だけの食事をしていたり、「太るから」と油を抜いてたりするようでは老けるばかり。10年後、20年後、30年後も、美しく魅力的な女性でいるために、「食べるアンチエイジング」を始めましょう！

定価 本体640円＋税